T0243752

Esto es

Redbook

Aina Ramis

Esto es

© 2021, Aina Ramis Plomer
© 2021, Redbook Ediciones

Diseño de cubierta: Regina Richling
Diseño de interior: Grafime

Fotografías: Wikimedia Commons / Archivo APG

ISBN: 978-84-18703-12-6
Depósito legal: B-14.804-2021

Impreso por Ingrabar, Industrias Gráficas Barcelona,
c/ Perú. 144, 08020 Barcelona
Impreso en España - *Printed in Spain*

ÍNDICE

INTRODUCCIÓN
El *streaming* o el arte de hacer cosas delante de una pantalla

El *streaming* ha irrumpido en muchas vidas de manera súbita mientras alcanzaba su momento de máximo esplendor durante el confinamiento. La era covid y post-covid no se podrá explicar en los libros de historia sin tener en cuenta la explosión acelerada de canales y contenido en directo en Internet, que dinamizaron y dieron un vuelco a la cultura en esos tiempos tan convulsos. Aunque en la antigua normalidad ya existía el *streaming* y los ahora llamados "creadores de contenido" ya ganaban mucho dinero con sus directos, no es hasta la covid que empezamos a asistir a un aumento considerable del consumo de este tipo de entretenimiento. Proliferan los canales en directo y aumentan exponencialmente las personas que los siguen. Solo en 2020, entre abril y julio, la plataforma líder en este sector, Twitch, experimentaba un aumento del 83 % por ciento en horas consumidas respecto al año anterior, mirando muy de lejos a Youtube Gaming Live y Facebook Gaming.[1]

El confinamiento obligó a buena parte del mundo a encerrarse en sus casas propiciando el acercamiento de las comunidades a través de una herramienta que siempre había estado ahí: Internet. Muchas personas, jóvenes y no tan jóvenes, que hasta aquel entonces no lo hacían, se vieron obligadas a buscar entretenimiento y cultura a través de Internet, a través de canales en directo de gente que hacia cosas delante de una

---

1. Datos oficiales de la plataforma Streamlabs, usada para hacer *streaming: https:// blog.streamlabs.com/streamlabs-stream-hatchet-q2-2020-live-streaming-industry-report-44298e0d15bc*

pantalla. Cualquier cosa: cocinar, tocar música, jugar a videojuegos, estudiar en silencio, enseñar ciencia, hacer monólogos, explicar qué tipo de plantas crecían en sus jardines. Personas enseñando a través de una pantalla su mundo particular, personal, a gente de todo el mundo. Tan solo a un clic de distancia, con miles, millones de personas, además, interactuando entre ellas. Esto es el *streaming* y ha llegado para quedarse.

Las campanadas de 2020 retransmitidas por Ibai y sus amigos fue en la fecha el vídeo más visto en su canal y el tercer vídeo más visto en la historia de Twitch, con más de medio millón de dispositivos conectados, sin tener en cuenta que en nochevieja es muy probable que hubiera más de una persona por dispositivo / Captura del directo de IBAI. TWITCH

Entre todo este barullo de canales y personas, hubo (y hay, actualmente) una categoría o interés que prevalece por sobre de las demás. Basta con entrar un momento en Twitch para darnos cuenta de qué se hace ahí, y es que la mayoría de las personas que transmiten en directo se dedican a jugar a videojuegos y a hablar con su audiencia. Las plataformas de *streaming* más famosas son utilizadas por la comunidad *gamer* como la herramienta principal para ganarse la vida y darse a conocer. Chicos y chicas juegan delante de una pantalla y captan seguidores gracias a su habilidad y/o carisma. Este es el negocio del futuro, y del presente. Por eso muchos jugadores profesionales hacen *streaming,* porque su audiencia quiere aprender a jugar mejor, y eso les asegura una audiencia fiel. La audiencia aprende a base de imitar a sus ídolos y los profesionales ganan dinero enseñando sus mejores trucos y técnicas (directa o indirectamente), y todos contentos.

Estas ganas de mejorar en ciertos videojuegos se ven potenciadas además por un deseo de pertenencia a una comunidad. Los *streamings*, lo que pasa en ellos, se comenta con los amigos, con los seguidores de las redes sociales, con los compañeros de clase y de trabajo. Y esto tiene un componente social importantísimo que se está explotando de manera muy beneficiosa por parte de las empresas, que contratan a estos jugadores profesionales para narrar videojuegos, para formar parte del equipo de creadores de contenido de un equipo profesional o firmar contratos para conseguir promocionar sus marcas en directo.

❏ **El streaming tiene un componente exclusivo y personal porque nos permite presenciar, a través de una pantalla, situaciones que forman parte de la vida privada de una persona, que decide compartir su tiempo con nosotros**

Y no solo eso. El *streaming*, si nos damos cuenta, tiene un componente exclusivo, porque permite presenciar a través de una pantalla, a través de una distancia, lo que hace una persona en una situación de semi-intimidad. Y nos referimos a la intimidad de esa manera porque aunque el *streamer* hable con su público, lo cierto es que se encuentra en un espacio seguro, que suele ser su casa. Es un espacio privado, acomodado para gustar a la audiencia, donde el *streamer* por regla general siempre se comportará de manera muy diferente a que si estuviera presencialmente delante a las 300 o 10.000 personas que lo siguen en ese momento en directo. Ver una persona transmitir día tras día nos permite entrar un poquito en su mundo. Permite, si se le sigue con asiduidad, conocer sus gestos, su manera de comportarse y de reaccionar ante las cosas, y su manera de relacionarse. Esa cercanía y complicidad (unidireccional, por supuesto) que se genera con la persona que hace *streaming*, es también un aliciente para los seguidores, sin mencionar que la audiencia puede comentar en cualquier momento lo que está pasando a través del chat, hecho que facilita mucho la participación, porque el *streamer* también suele leer y comentar lo que escriben sus seguidores.

Retransmitir es fácil, lo difícil es destacar

Muchas personas se piensan que hacer *streaming* es fácil. Total, "solo" consiste en sentarse delante de una pantalla a jugar o a hacer cosas. Todo el mundo puede hacer eso. Técnicamente, sí, es fácil, porque en una sociedad digitalizada solo hay que hacerse con unos tutoriales de Youtube o de otra plataforma que expliquen cómo hacerlo. Desde la parte técnica, ningún problema, porque con algunos vídeos y consejos podemos montar un canal de transmisión de buena calidad. El problema, lo realmente difícil, es diferenciarse de los demás. Y es que al final estamos hablando de marketing, de crearse una marca personal, un elemento distintivo, diferenciador, novedoso, que capte la atención. Y eso se tiene que trabajar, y mucho.

❏ **Lo verdaderamente importante a la hora de hacer streaming es diferenciarse de los demás y profundizar en el desarrollo de nuestra personalidad, de manera libre pero cercana a la vez con la audiencia. La autenticidad suma puntos**

Con este manual te darás cuenta de que, una vez aprendidos los primeros conceptos del *streaming*, es muy fácil mejorar tu transmisión de manera efectiva. Hay miles de opciones gratuitas que te permitirán tener un canal y una transmisión atractiva, de apariencia profesional, con iconos y mil opciones que facilitarán la vida a la audiencia y que propiciará que la que llega se quede. Lo interesante, lo difícil, es el contenido. El contenido de calidad y la novedad, la diferenciación, marcarán el punto de inflexión en el que un *streamer* puede pasar de tener unos pocos seguidores a un par de miles.

De justin.tv a Twitch, la gallina de los huevos de oro

La plataforma de *streaming* y red social del momento es Twitch, actualmente también una de las páginas más visitadas del mundo de Internet. Twitch nació llamándose justin.tv en honor a uno de sus creadores, Justin Kan, que junto con Emmett Shear, crearon esta plataforma en 2007. Justin.tv nació con un único propósito: enseñar durante 24 horas la vida de uno de sus creadores, Justin Kan, que llevaba una cámara consigo a todas partes. Más adelante se abriría para el resto de usuarios de Internet, que podrían retransmitir en directo cualquier tipo de contenido. Justin.tv contaba ya con una sala de chat propia, característica que a día de hoy se mantiene en Twitch, y que los usuarios utilizaban para comentar entre ellos lo que presenciaban. No se dieron cuenta en ese momento, pero Justin y su equipo estaban dando a luz a los principios del *streaming*.

Rápidamente, la categoría de "videojuegos" de justin.tv empezó a destacar por encima de las demás. Shear, compañero de Kan y jugador empedernido desde pequeño, entendió pronto dónde estaba el interés y el dinero: en la comunidad de *gamers*. Justin.tv era muy útil cuando se ideó y consiguió tener una base sólida de canales, pero nada comparado con cuando se decidieron a centrarlo en los videojuegos. Pronto los jugadores acudieron a la llamada de justin.tv, que se moldeó precisamente para esa comunidad.

En 2011 nace Twitch, enfocado principalmente a la retransmisión de videojuegos. Esta fue una oportunidad de oro para muchos jugadores profesionales (o simplemente, jugadores buenos) para darse a conocer y empezar a construir una comunidad de seguidores fieles. Recordemos que por esas fechas Youtube ya funcionaba a toda máquina, y que hasta ese momento, la comunidad de *gamers* se encontraba en esa plataforma. Aunque migrar a Twitch les fue cada vez más fácil, muchos de ellos se quedaron en Youtube por miedo a perder la comunidad que habían generado y por la complejidad de enfrentarse a la audiencia en directo. Lo bueno que tenía Youtube es que los vídeos editados daban la oportunidad de corregir errores. El directo es el directo, y no se puede.

→ Logo de Twitch, renovado en 2019

En 2012, un año después de su nacimiento oficial, Twitch conseguía llegar a una media de 15 millones de espectadores cada mes.[2] En 2014, visto el crecimiento de la plataforma y adelantándose a Google, Amazon compra Twitch por 970 millones de dólares. Casi mil millones de dólares, una barbaridad. De hecho, esta adquisición fue la más grande que hizo Amazon hasta el momento en los 20 años que tenía la empresa. En este sentido cabe exponer que Google y Amazon siempre se han peleado por ver quién llegaba más lejos en todo lo que concierne Internet, tanto en las relaciones sociales como en el e-commerce y los buscadores. Amazon sabía muy bien lo que hacía y dónde invertía cuando compraba Twitch, ya que Jeff Bezos, director ejecutivo y fundador de Amazon, siempre ha tenido buen olfato para los negocios y sabe identificar dónde está el éxito. Por otra parte, no hay que olvidarse que Amazon es un gran distribuidor de componentes de ordenadores y videojuegos, así que la combinación de ambos negocios es beneficiosa para ambos. Además, y más adelante lo veremos, Amazon integrará parte de sus servicios con Twitch con su programa de fidelización Prime, que también ofrece una mejora en ciertos servicios de la plataforma.

Twitch es la gallina de los huevos de oro, pero no es la única gallina del corral. En este manual analizaremos más plataformas, como Youtube y Facebook, que también ofrecen servicios de *streaming* para los jugadores de videojuegos y para otros campos. Sin embargo, debemos tener claro que ahora mismo el gigante que domina la transmisión en directo es Twitch. Solo en 2020, la plataforma consiguió alcanzar números nunca vistos antes (en gran parte, de esto tiene la culpa la pandemia de la Covid): 26 millones de personas visitaban de media Twitch, y casi 7 millones de personas retransmitían cada mes.[3]

Manos a la obra

Para adentrarte en el mundo del *streaming* lo primero que debes entender, y lo primero que dejaremos claro con este manual, es que esto no va de personas metiéndose en Internet para ver juegos. Esto va de en-

2. Datos consultados en una entrevista a Shear un año después del nacimiento de Twitch: *web.archive.org/web/20140330022519/http://multiplayerblog.mtv.com/2012/05/02/interview-the-big-broadcast-twitchtv-esports-and-making-it-big-as-an-online-gamer*
3. Estadísticas de twitchtracker.com/statistics

tretenimiento. El público busca algo diferente. Si quisieran, simplemente, ver a una persona jugando a algo o quisieran la receta de la sopa de la abuela, se irían a Youtube o a otro buscador de vídeos para encontrarlo. Twitch va de personas que se relacionan entre sí, de personas que hablan y construyen vínculos con otras, aunque no sea de manera totalmente bidireccional. Va de comunidades, relaciones, entretenimiento y sentimiento de pertenencia a una comunidad. Así es como se fideliza a un público y se llega a un nivel de *engagement*[4] muy por encima de lo que sería normal en otras plataformas. Así es cómo funciona Twitch y esa es la clave del éxito de unos pocos *streamers,* que por encima de la vasta mayoría, consiguen una comunidad de seguidores sólida y una atención por parte de los anunciantes que les permite vivir de ello. Si te atreves a adentrarte en este mundo y a darlo todo para dominar Twitch, ¡empezamos!

4. El engagement es la capacidad que tiene una marca, en este caso, de generar relaciones duraderas con los usuarios que supongan una cierta implicación con el producto. Se traduce como "compromiso" y es una métrica que se usa en marketing digital para estipular si la relación entre marca y usuario funciona.

2

STREAMERS Y TIPOS DE CONTENIDO
Casos de éxito

Antes de entrar en materia es interesante que conozcamos a las personas que ya han llegado hasta lo más alto o, como mínimo, se han hecho un hueco en la comunidad de Twitch y en Internet como para ser considerados "casos de éxito". En este manual, nos referiremos a "casos de éxito" como aquellos *streamers* que han calado entre la comunidad de Twitch, vivan o no de ello. El éxito se vive y se siente de manera distinta según la perspectiva. Y para unos, alcanzar el éxito significa poder vivir de ello, vivir de hacer *streaming*. Cabe decir que estos casos representan un porcentaje muy pequeño de la comunidad, así que no lo tomaremos estrictamente como referencia aunque lo tendremos en cuenta. No queremos tampoco obsesionarnos con ello, puesto que, para otros, el éxito es conseguir crear una comunidad estable interesada y participativa en el canal. Para ambos casos tendremos ejemplos que comentar.

¿Qué es triunfar en Twitch? ¿Quién lo ha conseguido? ¿Aquel que puede vivir de ello, sin importar las consecuencias o los "efectos secundarios" de la fama, o aquel que no vive de ello pero que ha creado una comunidad sólida, sin el lujo de poder vivir de ello? El debate está servido, teniendo en cuenta que cada caso puede resultar ser diferente. En este manual, como hemos dicho, hablaremos de *streamers* que han llegado a lo más alto, y de *streamers* que cuentan con una comunidad sólida. Los tomaremos como casos de referencia en los que fijarnos para lograr nuestros objetivos.

❏ ¿Qué significa tener éxito en Twitch? Para algunos, es conseguir vivir de ello. Para otros, con una comunidad sólida y
amable es suficiente. Este manual te servirá para conocer
los secretos y la lógica detrás de Twitch, sea cual sea tu
objetivo

Y aquí es donde romperemos la primera falsa creencia del mundo
del *streaming*, sobre si queremos que nuestro contenido se centre en los
videojuegos, la categoría que más éxito tiene actualmente en Twitch, la
más visitada. Y es que no hace falta ser bueno jugando para hacer *streaming*. Tal como lo lees. Esto es importante entenderlo y contextualizar-
lo. Hay muchos *streamers* que tienen éxito porque viven de enseñar,
directa o indirectamente, cómo jugar bien a un videojuego. El público
que los sigue quiere mejorar y convertirse algún día en jugadores profesionales, así que una estrategia eficaz, que puede ser decisiva, es aprender de los mejores. ¿Quién mejor que alguien que controle el tablero de
juego para que te enseñe a jugar, además de manera gratuita?

En este capítulo hablaremos de algunos de los *streamers* de habla española más famosos de Twitch. Echaremos un vistazo a las estadísticas
oficiales de la plataforma para entender qué contenidos tienen más repercusión, qué canales son los más vistos y el tipo de contenido que puede
funcionar en una plataforma como esta, sin olvidar lo volátil y lo cam-
biante que puede resultar Internet. Analizaremos las tendencias y los
eventos con más trascendencia de la plataforma y esbozaremos el principio de una estrategia para crear un canal que funcione en esta plataforma.

Ibai Llanos, conocido por narrar videojuegos online, fue elegido como el
mejor *streamer* del mundo en 2020 en los ESPORTS AWARDS / IBAI. LVP

El caso de Ibai

No podemos hablar de *streamers* sin mencionar primero a Ibai Llanos Garatea. Para quien no lo conozca, Ibai es un joven *streamer* que alcanzó la fama en 2015 gracias al trabajo duro y a su carisma y personalidad. Nacido en 1995 en Bilbao, este chico empezó narrando partidas de videojuegos, en concreto, el conocido League of Legends, llegando a castear (narrar) la competición más importante en la esfera profesional de este videojuego, la LCS (League of Legends Championship Series), en 2015. Desde ese momento, la fama de Ibai no ha hecho más que aumentar. Para hacernos una idea, en 2016 Ibai tenía aproximadamente 12.000 seguidores en Twitter. En mayo de 2021, cuatro millones y medio de seguidores en Instagram y también en Twitter, casi seis millones en Youtube y seis millones de seguidores en Twitch, de los cuales, a fecha de mayo de 2021, 27.147 eran suscriptores activos.[5]

La noche del 31 de diciembre de 2020, después de un año fatídico en el que el coronavirus arrebató la vida social presencial a gran parte de la población mundial, muchos adolescentes y gente no tan joven de habla hispana consiguió convencer a sus familias para ver las campanadas con Ibai. Los titulares en los medios de comunicación al día siguiente fueron contundentes. Ibai superó de lleno a varias cadenas nacionales españolas. A las doce de la noche tenía a medio millón de usuarios conectados siguiendo sus peculiares y diferentes campanadas. Medio millón de usuarios, que bien podía tratarse del doble o el triple teniendo en cuenta que muchos de esos usuarios podrían estar mirándolo con su familia. Ibai volvía a demostrar que el *streaming* puede y debe traspasar fronteras, y es que este conocido *streamer* ha hecho de todo: ha narrado carreras de canicas, comentado vídeos de comparaciones de comida en Youtube, partidos de fútbol, campeonatos de tortazos (sí, eso existe), carreras de caballos japonesas, campeonatos internacionales de parkour competitivo, y ha recibido ofertas para narrar baloncesto, fútbol y otros deportes. Todo desde su casa.

El caso de Ibai marca un antes y un después en el mundo del *streaming* porque se trata de la primera persona que consigue traspasar las fronteras de Twitch, siendo entrevistado en un canal de televisión nacional, como ya lo fue el youtuber El Rubius anteriormente, pero esta vez,

---

5. *Datos oficiales consultados el 1 de mayo de 2021 en twitchtracker.com/ibai/subscribers*

Ibai, en su famoso vídeo de Youtube en el que anima a la juventud
para aprobar selectividad / IBAI. YOUTUBE

las circunstancias fueron diferentes. En 2020, con el confinamiento y la
retransmisión de las campanadas, que el Ministro de Sanidad español
confesó haber visto a través de su cuenta de Twitter, Ibai se había convertido en una voz de referencia entre la juventud. Y lo más importante
de todo: sobre todo: había conseguido entrar en los hogares de millones
de jóvenes sin que ni sus padres ni nadie se diera cuenta. ¿Cómo? A
través del *streaming* y gracias a su carisma. Lo explican de manera bri-
llante los periodistas José Antonio Luna y Patricia Gea en un artículo
escrito en 2021 en eldiario.es: "Es la audiencia quien decide qué creador es digno de su apoyo, ya que se crea lo que el estadounidense Ro-
bert King Merton definió como pseudocomunidad. En la obra Persua-
sión de Masas (1944) hizo un análisis de las campañas que realizó el
gobierno norteamericano para recaudar fondos para la guerra, y, precisamente, la más exitosa es una de radio donde la locutora se presentaba
como una típica madre americana. La tesis final es que es precisamente
ese carácter ordinario lo que lo convierte en una campaña auténtica"[6].

6. *Qué tiene que ver Ibai Llanos con Max Weber: cómo puede explicar la sociología el éxito de
los 'streamers' www.eldiario.es/cultura/ver-ibai-llanos-max-weber-explicar-sociologia-exito-
streamers_1_7839047.html*

Ibai es una persona que se dirige tal y como es a su audiencia, haga lo que haga. Destaca por su naturalidad y por su capacidad de reírse de sí mismo, hecho que le ha valido el cariño de sus suscriptores.

De Ibai podemos aprender que la naturalidad y la personalidad son claves para atraer al público y mantenerlo en el *streaming*, hablemos de lo que hablemos. Está claro que el éxito de Ibai lo ha cosechado él mismo quitándose los miedos y explotando su vozarrón y carisma probándose una y otra vez. Y es que Ibai empezó enviando una grabación a un casting donde escogían voz para narrar videojuegos. Se atrevió, con su amigo Ander, y así empezó todo. De aquí, que nos quede claro que jugársela suele valer la pena, y que todos nuestros ídolos *streamers* también empezaron un día con todo el camino por recorrer.

Casos de éxito: *streamers* en español

Twitch tiene muy pocos años de vida, y aunque como medio de comunicación le quedan muchos pasos por dar para terminar de encajar en todos los segmentos, no cabe duda de que entre la comunidad *gamer* se ha consolidado. Por eso, la mayoría de *streamers* que encontramos en Twitch se dedica a jugar. Porque la plataforma se creó para ello y porque la audiencia lo pide. De ahí que el español **TheGrefg**, David Cánovas, con casi siete millones de seguidores, haya conseguido el récord mun-

TheGrefg jugando a Fortnite con la skin que lleva su nombre / TheGrefg.
YOUTUBE

dial de audiencia en Twitch, aglutinando en un momento de su *streaming* casi dos millones y medio de personas. ¿Y qué hacían? Atender a la presentación de su *skin*[7] en Fortnite. Cabe decir que Guinness World Records se puso en contacto con él para otorgarle una placa reconociendo su hazaña oficialmente.

Dentro del mundo de los videojuegos, los *streamers* se multiplican en la plataforma. **Rubius**, que venía de Youtube, también es una figura líder dentro de la comunidad, con casi nueve millones de seguidores, ya que lo que hace suele convertirse en tendencia. Este chico venía de una gran repercusión en Youtube, desde donde también consiguió traspasar fronteras y saltar a la televisión. Fue uno de los primeros *youtubers* en contar cómo se vive en la cúspide de la fama. "Es difícil explicar a la gente que no sabe lo que es esto", decía Rubén, como verdaderamente se llama Rubius, en el programa Al Rincón de Pensar en 2015. "La gente se cree que te conoce, para empezar. Porque te haya visto en un vídeo, se cree que te conoce. Porque ha estado en tu casa, no sabe por lo que has pasado, tus épocas... no lo sabe", le respondía el presentador, después de hablar de un año muy duro de su vida donde la fama tuvo mucho que ver.

Rubius jugando a Grand Theft Auto V en uno de sus *streams* / Rubius.TWITCH

7. Ya lo sabes, pero por si acaso: una skin ("piel" en inglés) es la apariencia de un personaje de videojuegos.

Twitch está plagado de gente que hace cosas muy diferentes. La mayoría, como ya hemos explicado, juega a videojuegos, pero existe una infinidad de categorías en las que también hay gente muy interesante haciendo diversas cosas. Quitando el hecho de que algún videojuego se posicione en primer lugar por cuestiones de popularidad momentánea, la categoría más poblada en Twitch es "Just Chatting", o en su versión en español: "Charlando".

En Twitch, siempre que una persona emite, la plataforma pide que se especifique qué se está haciendo, para ayudar a los visitantes a encontrar lo que se quiere ver e identificar claramente qué está haciendo un *streamer* cuando entran en su canal. Una *streamer* muy conocida en esta categoría es **IamCristinini**, también jugadora de videojuegos, pero principalmente conocida por su faceta de presentadora. Cristinini había trabajado en canales y proyectos de *esports*[8] y más tarde sería reclutada por Ibai para formar parte de su nuevo proyecto del momento, Ibailand.

Cristinini jugando a ARK: Survival Evolved con un sorteo de una PlayStation5 en marcha / IamCristinini.TWITCH

8. Lo sabes, pero por si acaso: esports son los deportes electrónicos, competiciones de videojuegos.

Los *streamers* suelen tener las redes sociales al día

Todos estos *streamers* que hemos mencionado hasta ahora son muy famosos en el mundo de Twitch y tienen gran cantidad de seguidores en las redes sociales, donde también comparten otro tipo de contenido y comentan sobre variedad de temas. Lo difícil de ser *streamer* es que requiere mucho tiempo y mucho trabajo. Muchas de estas personas más famosas tienen un editor o editora que les hace el trabajo pesado, como subir partes del *streaming* en directo a Youtube, por ejemplo. Lo que se comparte no es el *streaming* en su totalidad, sino un resumen de lo que se ha hablado o de lo que ha pasado en la transmisión original en directo. Estos vídeos están editados, tienen cortes rápidos para captar la atención del espectador y varias modificaciones para que sea divertido y fácil de ver. De esta manera, los *streamers* mantienen un enfoque transversal en lo que a presencia en Internet se refiere. Están en todas partes. En todas partes donde esté su audiencia, claro. Y es que los *streamers* acostumbran a estar también en Youtube, Facebook, Twitter e Instragram. Por eso, más adelante hablaremos también de cómo gestionar nuestras redes como *streamers*.

❏ **Los streamers mantienen un enfoque transversal en lo que a su presencia en Internet se refiere. No solo están en Twitch, sino en Facebook, Twitter, Instagram, Youtube, Patreon. Allí donde sus seguidores estén, para maximizar tanto su proyección como sus beneficios**

Los *streamers* españoles con más seguidores en Twitch en español tiran mucho también del humor para conectar con su audiencia. Ese es el caso explícito de **Auronplay**, que también empezó en Youtube dejando muchos momentos memorables en la plataforma. Con ocho millones y medio de seguidores, Raúl Álvarez emergió con una audiencia muy considerable en Youtube metiéndose de lleno en Twitch, con colaboraciones con otros *streamers* y juegos en directo, siempre con el humor como protagonista. Su canal en Youtube se caracterizaba por una gran variedad: realizaba bromas telefónicas, comentaba vídeos de los demás. Alguna vez, con bastante acidez. Después de descubrir el potencial de Twitch, Auronplay empezó a transmitir con regularidad en la plataforma sin abandonar Youtube, con un contenido bastante parecido al resto de *streamers*.

Cuando un juego se pone de moda, muchos *streamers* se ven empujados a probarlo bien porque sus seguidores se lo piden, bien porque se convierte en tendencia entre *streamers* y es mejor no quedarse fuera. Eso hizo Auronplay también en la época del Marbella Vice, un servidor de Grand Theft Auto V que se puso de moda por acoger a muchas personas famosas que se hacían pasar por un personaje específico. También es frecuente que los *streamers* jueguen juntos. De esta manera, la comunidad crece y hay más oportunidad de que los seguidores de un *streamer* en concreto también conozcan al otro. Es un beneficio mutuo del que también podemos tomar nota.

Auronplay introduciendo uno de sus *streamings* en Marbella Vice, el servidor de Grand Theft Auto V / auronplay. TWITCH

Las comparaciones son odiosas

El top 10 de *streamers* va variando cada mes, según el contenido, las horas transmitidas y los acontecimientos de cada *stream*. En este capítulo no vamos a comparar *streamers* en base a esto porque no sería justo para ellos y además, como diría Ibai, "genera toxicidad". Parte de la comunidad de Twitch tiene esto muy presente, y comenta en los chats de los *streamers* en qué posición están o qué hitos han conseguido sus compañeros en la plataforma. También hay cuentas de Twitter que se dedican a avisar cuando sucede algún hito extraordinario en los *streamings*, y entre estos acontecimientos, se comenta quién ha pisado el top 10, el top 5 o el top1.

Este hecho irritó a algunos *streamers* porque, aunque les va bien saber en qué puesto están para saber qué resultados tienen sus transmisiones, dónde mejorar y qué se puede cambiar, no están compitiendo expresamente entre ellos, sino que trabajan asiduamente para contentar a su audiencia, que puede disfrutar de ver, seguir y ser suscriptor de más de un *streamer* a la vez. Hay que pensar que muchos de los *streamers* eran criticados cuando eran jóvenes por jugar a videojuegos (los antiguos *frikis* de las consolas), así que muchos de ellos han desarrollado un sentimiento de pertenencia a la comunidad que no es fácil de romper. Y esto es algo bonito y de lo que también podemos aprender.

❏ **Aunque por supuesto ha habido roces entre streamers, la mayoría de ellos se llevan bien, se tienen respeto y no se pisan entre ellos. Comprenden lo duro que es conseguir seguidores y están centrados en mejorar su canal y su contenido**

Todos los *streamers* de los que hemos hablado hasta ahora, que son pocos en comparación a la cantidad de gente que transmite en Twitch,

tienen en común una comunidad de seguidores que se cuenta por millones. Esto no es lo normal, sino la excepción, y hay que tenerlo en cuenta para no obsesionarse con ello. Otros *streamers*

Mickanplays charlando con su comunidad / mickanplays. TWITCH

que cabría tener en cuenta para fijarse en cómo configuran sus canales, qué fondos utilizan, qué equipo, diseño y demás son **Biyin, juansguarnizo, G4G_Revenant, Perxitaa, Mayichi, alexelcapo, aroyitt, M1xwell, knekro, Werlyb, ElmiilloR, ReventXz, IlloJuan, Makina, Reborn_Live, jcorko_, zunksoyyo, DarkozTV, Tanizen, Silithur, D3stri, Jotacanario** y muchos más.

Una comunidad sana y amable

Antes comentábamos la necesidad de entender e interpretar qué es el éxito en Twitch, para adaptarlo a los objetivos que nos planteemos. La mayoría de canales no tienen millones de seguidores. De hecho, de esos solo hay unos pocos. El resto cuenta con números más humildes (comparados con las cuentas que tienen millones) y muchos de ellos han conseguido construir una comunidad fiel y sobre todo, sana. Es el caso de **mickanplays,** con 50.000 seguidores en Twitch. Es una jugadora con mucho carisma y buen rollo que mantiene una conversación constante con su chat. **Yonnareiss** tiene también una comunidad muy amable, con 35.000 seguidores. Es una jugadora profesional en los altos rangos de League of Legends de la que también se puede aprender mucho, porque se preocupa siempre de que su *stream* tenga buena calidad y además, analiza con atención lo que pasa en sus partidas, hecho que es de agradecer por los seguidores que quieren aprender a jugar mejor. El canal de la jugadora **Paracetamor** también es interesante, así como los de **ValeKahn, Eliiixy, BorjaPavon** y **ryuuzhang,** entre otros.

En Twitch se hace música, deporte, arte, y más

Twitch empezó como una plataforma pensada para los *gamers*, como ya hemos comentado, pero pronto su audiencia se fue diversificando y los *streamers* empezaron a mostrar otro tipo de habilidades e intereses no necesariamente relacionados con los videojuegos. La audiencia también respondió: los videojuegos son divertidos y entretienen, pero una plataforma en directo da para mucho más. En Twitch hay música, deporte, arte, manualidades, actividades al aire libre, lecturas, entrevistas, análisis políticos, charlas, encuestas, y hasta gente haciendo ejercicio y durmiendo. Sí, gente durmiendo que deja el *stream* en marcha toda la noche. También hay personas que hacen ASMR[9] y que se preparan la comida en compañía de sus seguidores.

AnnieGreen tocando la guitarra y cantando para sus seguidores
/ AnnieGreen.TWITCH

El contenido que se transmite en Twitch se organiza mediante categorías, así es mucho más fácil que los seguidores busquen lo que les interesa. La mayoría de categorías las concentran los videojuegos, pero fuera de estas, podemos encontrar gran variedad de actividades. Cabe decir también que bajo la categoría "Charlando" mucha gente aprovecha también para hacer sorteos, comentar partidos de fútbol y otros deportes, reaccionar a vídeos de todos los tipos, ver películas o series con los seguidores y estudiar y comentar exámenes, entre muchas otras cosas. En el caso de los músicos, Twitch ha sido una buena manera de darse a conocer y de crear una comunidad de seguidores fiel, que pide canciones y que anima el chat. Lo bueno de hacer música en Twitch es que los espectadores no necesariamente tienen que estar mirando la pantalla. Te pueden tener de fondo mientras hacen otras cosas.

9. Autonomous Sensory Meridian Response, o en español: Respuesta Sensorial Meridiana Autónoma. Las personas que hacen ASMR modifican la sensibilidad del micrófono al alza para que capte sonidos bajos, como un susurro, una caricia, o una persona masticando. Los vídeos ASMR estimulan el oído y son conocidos por relajar a las personas que los escuchan. Los streamers que lo hacen comen delante del micrófono, lo acarician, estrujan objetos cerca de él y estimulan así el oído del espectador.

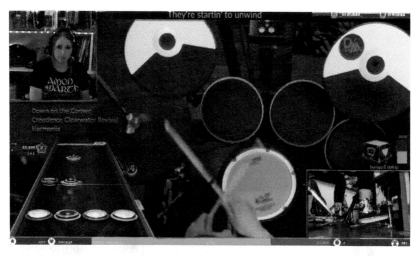

Areneiss tocando la batería / Areneiss. TWITCH

Matu tocando la guitarra en una canción que le pidieron sus seguidores /
Matu. TWITCH

Matu y **Areneiss** son dos ejemplos de *streamers* musicales. Ambos
tocan canciones que les piden sus seguidores y son muy activos con el
chat. Esto es muy común entre los músicos. El hecho de relacionarse
más con sus seguidores que otros *streamers* que juegan a videojuegos,
hace su música más cercana. Se implican mucho con su audiencia y
consiguen así una comunidad muy sana y agradable. Lo mismo pasa

con la joven **JordinLane** y **DirectoD2**, una pareja española de músicos muy simpáticos que hacen largos directos con mucho desparpajo y buen rollo.

DirectoD2 en plena acción/ DirectoD2.TWITCH

Hersimmar es otra *streamer* que además de jugar a videojuegos y charlar con su comunidad, se dedica también a leer. Por otra parte, en **MicrosoftDeveloper** se han juntado un grupo de desarrolladores "y entusiastas técnicos", como se llaman ellos, para comentar con la comunidad diferentes tipos de código. También cuelgan tutoriales en Youtube para personas que empiezan. Luego tenemos a **Ireneherrerart**, una ilustradora que dibuja en directo para sus seguidores, también con una comunidad muy participativa. Como ves, en Twitch se puede hacer de todo. Hay contenido que tienen más éxito que otros, pero si algo gusta es la autenticidad y la cercanía. De esta manera gestiona su canal **picantereblog**, una chica muy simpática que cocina para sus seguidores durante horas sin descanso. Usa dos cámaras y una pizarra virtual donde apunta los ingredientes.

Tere cocinando para sus seguidores / picantereblog.TWITCH

Twitch es el nuevo telediario

Para una gran cantidad de jóvenes de entre 16 y 34 años, Twitch se ha convertido en el nuevo telediario. Muchos de ellos no miran la televisión ni se informan a través de los medios de comunicación tradicionales. Ya se demostró con el auge de las redes sociales, así que muchos periódicos, radios y televisiones tuvieron que adaptarse a la nueva era digital y diversificar su contenido para llegar al máximo de lectores posible.

Lo mismo está pasando con la televisión y Twitch. Los periodistas y los medios de comunicación se están dando cuenta de que se están perdiendo una audiencia vital, que también opina, en una red social que todavía no han pisado, por ser demasiado novedosa o por estar íntimamente relacionada con los videojuegos. Bien, pues se equivocan. Twitch ha diversificado ya su audiencia, como hemos podido ver, y está a la espera de hacerlo más. Pocos son los periodistas y profesionales de la comunicación que se han atrevido a lanzarse a la piscina, pero entre los que sí lo han hecho, se encuentran algunos casos de éxito. Uno de ellos es **2010Misterchip**, que comenta partidos de fútbol con colaboradores y explica sus impresiones sobre partidos y ligas. Casi lo que vendría a ser una televisión tematizada, para los más fieles a este deporte. Por otro lado tenemos a **nanisimo**, un periodista que lo mismo analiza películas o habla sobre política internacional. También juega a video-juegos como cualquier otro *streamer* cuando no está trabajando.

El periodista Emilio hablando sobre olecoductos en su *stream* / nanisimo.
TWITCH

❏ **El número de periodistas es escaso aún en Twitch. Algunos medios de comunicación ya se han abierto un canal y están experimentando con sus primeros streamings, pero les queda mucho recorrido aún para terminar de conectar son su audiencia. Los desafíos son múltiples y complejos.**

Twitch se ha convertido en el nuevo telediario, y en la nueva televisión. A las nuevas generaciones de jóvenes no les gusta encender la tele. La caja tonta vuelve a percibirse como tal por la Generación Z y las que le sucederán, encantadas con la inmediatez y la rapidez de Tik Tok, los filtros y las historias de Instagram, y las posibilidades de Twitch. Algunos análisis y artículos apuntan a que Twitch es el futuro de la televisión, su relevo.[10] Otros, que nunca lo ha sido, porque la generación que consume Twitch nunca ha sido fan de la televisión.

10. Algunos artículos periodísticos hablan de Twitch como la continuidad de la televisión (www.elespanol.com/omicrono/software/20210106/twitch-nueva-television-quieren-streamers/548696081_0.html). Otros, dicen que nunca le hizo sombra (*www.lainformacion.com/opinion/borja-teran/twitch-acabara-con-la-television-convencional/2828261/*)

Lo que sí es cierto es que los medios de comunicación tienen un espacio en Twitch. O deberían. Porque si bien es cierto que para algunos será difícil adaptar el contenido al formato puramente audiovisual que requiere Twitch, en la plataforma se encuentra un gran nicho de personas, en su mayoría jóvenes, que se informan única y exclusivamente a través de las redes sociales. Y muchas veces ni siquiera eso: se informan a través de sus *steramers* favoritos. Por eso, sería interesante intentar llegar hasta ellos. Una persona que ha tenido mucho éxito en el terreno de la divulgación es **GataSchrodinger** o Rocío Vidal, una periodista científica que además de jugar a videojuegos organiza debates y habla con sus seguidores e informa sobre diversos temas, centrándose en la ciencia. Es un canal muy recomendable ya que es de las pocas mujeres *streamers* con una comunidad bastante grande que no prioriza los videojuegos.

La Gata de Schrodinger desmintiendo noticias falsas / GataSchrodinger.
TWITCH

Los desafíos para los medios de comunicación son múltiples y complejos en la era de la saturación informativa. Las nuevas generaciones no pasan horas delante de la televisión. En este terreno aún hay mucho por descubrir, tanto puede ser una oportunidad para pequeños medios de comunicación de dar el salto o una ocasión para los grandes de diversificar sus plataformas y centrarse en llegar a los que, de momento, no están escuchando.

Hagas lo que hagas, asegúrate de disfrutar

Twitch tiene las puertas abiertas a todo el mundo. Hay personas que hasta juegan al ajedrez en directo y otras que pintan pequeñas miniaturas del universo de Warhammer.[11] Gente durmiendo, gente estudiando, gente haciendo cosas delante de una pantalla. Pero todas, todas, hacen algo que se les da bien, y lo comparten con una comunidad que intentan hacer crecer mejorando su canal, interactuando y poniendo a la práctica ideas, recomendaciones y estrategias que aprenden día a día. Twitch es una ventana al mundo que nos permitirá compartir con un grupo de personas nuestro *hobbie,* nuestra manera de ver el mundo y/o manera de entretenernos. Las posibilidades que brinda son infinitas, y las que aún no se han descubierto se pueden contar por millares.

Las puertas de Twitch están abiertas y esperando. Llegados a este punto, y viendo las posibilidades que tenemos, es importante dar con una idea que podamos explotar. Para ello podemos pensar en algo que nos guste hacer y/o que se nos dé bien. Tampoco olvidemos que, aunque tengamos una idea muy definida, muchas cosas pueden cambiar con el paso del tiempo. Según cómo se moldee nuestra audiencia y nuestro canal, iremos viendo qué contenido gusta más o menos, qué puntos se pueden explotar y qué ideas se pueden coger de otros canales para adaptarlas a nuestro contenido. Una vez tengamos la idea primaria de lo que queremos hacer, tendremos que sentarnos a hablar de especificaciones técnicas. ¡Sentémonos delante del ordenador y empecemos!

11. Warhammer es un universo de fantasía creado por la multinacional Games Workshop Group PLC, que fabrica miniaturas enfocadas a utilizarse en un juego de mesa. Dichas miniaturas se pintan a mano. Es un *hobbie* que comparten muchos jóvenes y no tan jóvenes, y que también se ha hecho un pequeño hueco en Twitch.

3

MATERIAL AUDIOVISUAL NECESARIO: ORDENADOR, CÁMARA, MICRÓFONO, ILUMINACIÓN
La calidad importa en un sector con tanta competencia

Es muy importante que el equipo que utilicemos para hacer *stream* sea de calidad, porque al final, esto va a repercutir directamente en la cantidad de espectadores o *viewers* que vamos a tener. Sí, la calidad del audio y el vídeo del *stream* y la rapidez con la que nuestro ordenador puede procesar la transmisión son cuestiones vitales. Si no estás enfocado o no se te ve bien, tu micrófono petardea de vez en cuando o tu cara no está suficientemente iluminada o enfocada, llegará un punto en el que los espectadores se cansarán de forzar los ojos o el oído y abandonarán el canal. Siempre se agradece que un *streamer* cuide la calidad de su directo, porque, indirectamente, eso significa que se preocupa por su canal, por la apariencia que da, y por el disfrute de la comunidad. Es, a veces, la mejor carta de presentación, que invitará a tus seguidores a quedarse y que puede ser un elemento decisorio a la hora de suscribirse. En este capítulo hablaremos de imagen, iluminación y sonido y analizaremos tanto el *software* como el *hardware* que vamos a necesitar para que el *stream* funcione.

El *set-up* siempre se puede mejorar, siempre puede ser más potente y más funcional o llamativo para nuestra audiencia. Empezaremos por

Chica jugando a League of Legends con tres monitores. / Rodnae. PEXELS

lo básico con la intención de asentar una base sobre la que poder traba-jar con comodidad, y que podamos ampliar en un futuro si así lo desea-mos.

El ordenador

Para empezar a hacer *streaming* necesitaremos un ordenador media-namente potente. ¿Qué quiere decir eso y cómo se traduce a los com-ponentes? Muy sencillo: tu transmisión no tiene que tener *lag,* (retra-so o "tirones"). Tiene que ser fluido. Para ello, necesitas un ordenador que sea capaz de procesar diversas cosas a la vez: la cámara, el video-juego, el micrófono, varias fuentes de sonido, el programa de trans-misión, el navegador, etc. A continuación, analizaremos los compo-nentes que necesitamos para que nuestra transmisión marche con fluidez. Los componentes que no estén comentados pueden ser de calidad estándar.

Procesador

El procesador es uno de los componentes más importantes, porque es el encargado de gestionar los recursos que va a necesitar la transmisión. Un AMD Ryzen 5 o 7, o un Intel Core i5 o i7 es lo que se recomienda.[12] El procesador es el cerebro de tu ordenador, y cuan más potente sea, mejor.

❑ **Los precios rondan los 230 €/280 $ como mínimo, para los i5**[13]

Memoria RAM

Se recomiendan mínimo 16Gb. La memoria resulta fundamental para hacer *streaming* porque tiene mucho que ver con el rendimiento de tu ordenador. La memoria es mejor comprársela en parejas. Es decir, dos módulos de 8Gb (que serán 16Gb en total, lo recomendado).

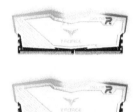

❑ **Los precios de 16Gb de RAM rondan los 80 €/97 $, aproximadamente. Si puedes permitirte 32Gb, mucho mejor. Fíjate también en la frecuencia de la RAM, que se mide en hercios. Cuanto mayor sea el número, mejor. La memoria será más rápida**

Tarjeta gráfica

El mundo de las tarjetas gráficas es una locura. Recientemente, con el minado de criptomonedas, los precios han subido bastante. Las gráficas se renuevan con mucha rapidez, así que la recomendación es que te compres una del año vigente o del año pasado.

---

12. PcComponentes, ProfessionalReview, SpartanGeek
13. Todas las fotos de los componentes de este capítulo pertenecen a pccomponentes. com

❏ Con una tarjeta que ronde los 400 €/488 $ debería ser suficiente, aunque siempre te puedes gastar más

Placa base

La placa base de un ordenador es la tarjeta madre, donde se conectan todos los componentes. Un ordenador no funciona sin ella, porque como su nombre bien dice, es un componente "base".

❏ Cuidado con la compatibilidad de las placas y los procesadores, y otros componentes. Asegúrate de que esté bien refrigerada y que sea lo más nueva posible. El precio puede rondar los 80 €/97 $

Monitor

El monitor es la pieza que menos va a influir en tu *streaming* pero la que más te va a destrozar los ojos si no te aseguras una mínima calidad. Es recomendable además contar con dos porque facilita mucho el trabajo y la distribución de elementos.

Evita monitores pequeños, que te hagan forzar la vista, con alta tasa de refresco y un tiempo de respuesta bajo, además de una buena resolución. Si además queremos tener buenos ángulos de visión y colores contundentes, buscaremos uno que tenga un panel IPS

❏ El precio de los monitores también varía mucho, pero por 250 €/305 $ podemos encontrar alguno decente. Si te puedes gastar más para mejorar la calidad, mejor.

Disco duro o unidad de almacenamiento

SSD (*Solid State Drive*). Siempre. Los discos mecánicos (HDD, *Hard Drive Disk*) se están quedando obsoletos y el *streaming* requiere una buena velocidad de lectura y escritura del dis-

co. Además, un SDD facilitará que el tiempo de espera no sea tan largo, que igual la audiencia se nos queda dormida, y no es lo que buscamos. Si vas a jugar lo recomendado es además un SSD de gran capacidad, puesto que los juegos hoy en día ocupan bastante más que antaño.

❏ **El gasto mínimo que podemos plantearnos para un SSD de 500Gb deberían ser 100 €/122 $ aproximadamente.**

Fuente de alimentación
La fuente de alimentación, como su nombre indica, se encarga de que el or-denador reciba la energía suficiente para poder funcionar. Si nuestros componentes son potentes, necesitaremos una fuente de alimentación a la altura.
Intenta que sea modular para poder gestionar el cableado como te sea más cómodo.

❏ **Los precios de una fuente de alimentación medianamente buena se mueven por los 80 €/97 $.**

Para los ordenadores portátiles los componentes varían, pero asegúrate de que cumplan unas condiciones mínimas. En las tiendas de informática te podrán asesorar perfectamente, aunque siempre es mejor que uses uno de sobremesa y que te compres los componentes por separado para poder personalizar tu equipo.

Ejemplo de set-up sencillo para hacer streaming / AINA RAMIS

La imagen: cámara e iluminación

En este apartado vamos a suponer que quieres enseñar tu cara en Twitch, aunque hay muchos *streamers* que prefieren no hacerlo, por diversos motivos: vergüenza, conservar el anonimato, parte de la creación de un personaje o *alter ego* para el *streaming,* etc. Si no te interesa enseñar tu cara, existen programas que crean avatares 3D que funcionan muy bien. Hay programas de pago muy buenos como **Facerig**, actualmente por unos 15,00 €/18 $ (en Steam). Estos programas utilizan un *software* que capta tus movimientos faciales y los interpreta, transformándote en un avatar. El avatar reproduce tus gestos: puede sonreír, estar triste, sorprenderse, y hasta parecer que grita. Aquí una imagen para que se entienda mejor:

Avatar disponible en Facerig / FACERIG

Estos programas se pusieron muy de moda en Japón, donde la gente los usaba ya en la era de Youtube. Por eso, a las personas que usan este *software* se las llama *vtubers,* que viene de *Virtual Youtubers*. En la actualidad siguen siendo populares, pero no en Twitch, donde lo que más se usa es la cara destapada, sin filtros.

Elegir cámara

La cámara es, si cabe, el elemento más importante del *streaming* (junto a una buena iluminación). Es la vía directa de contacto entre el *streamer* y su audiencia. Con nuestros gestos, reacciones y comportamiento delante de ella es cómo nos comunicaremos con nuestros seguidores. Todo *streamer* que quiera mantener una relación lo más estrecha posible con su audiencia y ganar en confianza y cercanía, tiene que usar una cámara para enseñar su cara. En esta parte es vital entender que, más allá de una inversión importante inicial en el ordenador (al fin y al cabo, va a ser nuestra herramienta de trabajo), también es necesario que hagamos también una inversión a la hora de comprar una buena cámara.

Se puede hacer *streaming* con el móvil. Para ello tendremos que averiguar, según el programa que usemos, cómo conectarlo al ordenador y que el *software* lo reconozca apropiadamente como dispositivo de grabación de imágenes (y también de sonido, si así lo necesitamos). Sin embargo, dejando esto de lado, lo normal es empezar a hacer *streaming* con una buena cámara web o *webcam*.

Webcam Logitech Brio Stream / LOGITECH

Entre las marcas de *webcam* más recomendadas y usadas, la marca ganadora es **Logitech**. Sin embargo, te recomiendo que eches un vistazo también a **Razer**, **Creative**, **AverMedia**, **AUKEY** o **Trust**, que también cuentan con muy buenas opciones.

Cámaras recomendadas de bajo y medio coste

Logitech C922 HD Pro – 80 €/97 $
1080p/30fps o 720P/60FPS, campo visual de 78°, autoenfoque bueno, soporte para trípode y pinza, micrófono con reducción de ruido. La C920 es también muy recomendable.

Logitech StreamCam – 129 €/157 $
1080p/60fps, campo visual de 78°, autoenfoque bastante bueno, soporte para trípode incorporado y pinza. Micrófono con reducción de ruido y posibilidad de ponerla en vertical.

Razer Kiyo Pro – 200 €/243 $
1080p/60fps, campo visual de 78° , autoenfoque bueno, soporte para trípode. Micrófono, bastante bueno. La Razer Kiyo cuesta 100 €/121 $ y lleva un anillo de luz.

Creative Live!Cam 1080p - 40 €/48 $
1080p/30fps, 78° de ángulo de visión, micrófono integrado aunque no es muy bueno, con soporte para trípode. Sufre en situaciones de poca luz.

AUKEY 1080p - 32 €/44 $
1080p/30fps, 78° de ángulo de visión, soporte robusto, balance de blancos automático con algunas deficiencias.

AverMedia CAM513 – 180 €/219 $
Graba en 4k a 30fps, o 1080p/60fps. Micrófono integrado, soporte para trípode, 94° y materiales de buena calidad.

Tengamos también en mente que si juegas a videojuegos tus seguidores te verán en un cuadro bastante pequeñito, ya que a pantalla completa se estará desarrollando la acción del videojuego.

Cámaras profesionales: DSLR y *mirrorless*

Si cuentas con un presupuesto un poco más elevado y te apetece invertir en una cámara mejor, bien porque no vas a jugar a videojuegos o bien porque te interesa mostrar más tu rostro en pantalla completa, tal vez te interese echar un vistazo a las cámaras réflex, conocidas también como DSLR (*Digital Single Lens Reflex*), y las cámaras *mirrorless*, que como su nombre bien indica, no tienen espejo (a diferencia de las réflex, que sí lo tienen).

A las cámaras réflex y *mirrorless* o sin espejo se les puede cambiar el objetivo. Esta es una ventaja que definitivamente vas a querer tener en cuenta si tienes presupuesto para ello. Cambiar el objetivo significa muchas cosas, pero una de ellas y la más importante, es el efecto *bokeh* o fondo desenfocado que tantos youtubers usan y tantos *streamers* buscan.

Cámara réflex Canon 90D y cámara mirrorless Sony Alpha 6400

❏ Las mirrorless se han alzado como las cámaras más recomendadas para hacer streaming. Su sistema sin espejo hace
que la cámara no sufra tanto a la hora de estar encendida
durante horas. La calidad que proporcionan es incuestiona-
ble y toleran muy bien los ambientes con escasa luz.

Cámaras mirrorless Sony Alpha 7 II

Canon EOS RP   Sony Alpha 6400

WEB FABRICANTES

¿Cómo usar mi cámara compacta y *evil/mirrorless* para streaming?

Hasta ahora no hemos comentado las cámaras compactas por un motivo: su funcionamiento como *webcam* va a ser el mismo que con las *mirrorless*. La única diferencia que nos encontraremos entre ellas es que a

las cámaras compactas no les vas a poder cambiar el objetivo. Por lo tanto, no tendrás más opción que adaptarte a la apertura de diafragma y zoom de que dispongan. Las *mirrorless* tienen esa ventaja: puedes comprarte un objetivo más luminoso (con valores F bajos)[14] que te permitan una imagen mucho mejor iluminada. Elegir una cámara *mirror- less* para hacer *streaming* no es fácil, porque hay muchos modelos de cámaras y muchos objetivos (sí, además de elegir la cámara, vas a tener que elegir objetivo). Vamos a hablar de recomendaciones con nombres y apellidos:

Sony a6400 + objetivo Sigma 16mm F1.4 - 1.500 €/1.826 $

Cámara *mirrorless* con un objetivo luminoso angular con el que ser verá tu cara clara- mente enfocada y el fondo desenfocado, sin un programa de por medio. La serie a6000 de la marca es muy recomendable porque son cámaras ligeras, pequeñas, y muy completas.

Canon PowerShot G7 X Mark III – 750 €/913 $

Esta cámara compacta de Sony se anuncia como una cámara con posibilidad de convertirse en *webcam*. Cuesta bastante menos que una *mi- rrorless* pero cuenta con muy buena calidad. Lo malo es que no podrás cambiarle el objetivo.

Investiga también la Canon Powershot G3X (800 €/977 €) y las cá- maras compactas Sony, además de las Nikon D3500, D5300, D5500 y

---

14. Si nos imaginamos una cámara como un ojo, la apertura del diafragma de un ob- jetivo se corresponde a la capacidad que tiene el objetivo para abrir o cerrar más el ojo. Cuanto menor sea ese valor, que viene acompañado de la letra F, más se abrirá el diafragma (o el ojo), y más luz podrá captar el objetivo. Además, mayor será el efecto de desenfoque del fondo. Un objetivo de 16mm (angular) con un F1.8 es un objetivo muy luminoso, y además, es un objetivo fijo (quiere decir que no cambia de apertura). Los objetivos fijos son los que más se suelen utilizar en fotografía de retrato, gracias a su gran luminosidad y su capacidad de desenfocar el fondo, precisamente lo que buscamos a la hora de hacer *streaming*. Lo malo es que no suelen ser objetivos baratos.

D5600, algunas con pantallas también que se pueden poner mirando hacia ti para ver cómo te ves.

Pasos a seguir para usar tu cámara como *webcam* y empezar a transmitir

Tu cámara, ya sea *mirrorless*, compacta o réflex, puede servir de *webcam* a través del <u>*software*</u> de la marca o a través de una <u>capturadora</u>. Como los *software* hace poco no existían y empezaba a haber una demanda de cámaras que ofreciesen mejor calidad para hacer *streaming*, los usuarios usaban sus cámaras de gama alta como *webcams* a través de las capturadoras. Si la cámara era compatible se podía usar como *webcam*. Más adelante, en 2019-2020, los fabricantes se dieron cuenta de esto e idearon un *software* propietario para evitar la necesidad de compra de una capturadora externa de otra marca. Por eso, para algunas cámaras la capturadora será la única opción.

Capturadora low cost y capturadora El Gato

Estos son los pasos a seguir para usar tu cámara como *webcam*:

1. Conecta la cámara a una fuente de corriente ininterrumpida

¿Te imaginas usar tu cámara para hacer *streaming* únicamente con la batería que incluye la cámara? Probablemente no podrías hacer más de cuarenta minutos de sesión, y con según qué cámaras, bastante menos, aunque algunas ya traen consigo la opción de conectarse directamente a la corriente. Si no, necesitarás un adaptador para la batería conocido como *dummy battery* que proporcionará a tu cámara energía ininterrumpida para que no se apague. Cada marca tiene el suyo. Por ejemplo, el de Canon se llama PD-E1.

2. **Conéctala al ordenador**
Si la cámara es compatible con el *software*, solo tienes que conectarla al USB del ordenador y poner en marcha el programa Y ya lo tienes. Las marcas te dirán que como la salida es USB, la cámara no puede captar el audio y tendrás que hacerlo a través de un micrófono aparte.
Si la cámara no es compatible con el *software* puedes probar con una capturadora mediante la conexión HDMI. Intenta fijarte en la web del fabricante sobre la compatibilidad. En la web de El Gato,[15] por ejemplo, lo tienes clasificado por marcas. Tendrás que mostrar una salida HDMI limpia.

3. **Abre tu programa de** *streaming* **y selecciona la cámara**

❏ **Si tienes una cámara de hace unos años, es posible que tenga mejor calidad que la webcam que te compres. Si es de objetivos intercambiables, mucho mejor, porque podrás comprarte un objetivo fijo y conseguir un efecto desenfocado de fondo (bokhe), muy valorado en el streaming.**

¿Y qué pasa con los móviles?

Sí, tu **móvil se puede usar como una** *webcam.* Muchos *streamers* lo usan de cámara secundaria ya que la calidad no es que sea la mejor, aunque seguramente puede superar varias *webcams* de bajo coste. Se suele hacer mediante una aplicación (DroidCam, Iriun Webcam, EpocCam) y se puede conectar mediante USB o Wifi. Lo bueno que tiene el Wifi es que no estarás conectado a un cable, así que tendrás las manos más libres si estás cocinando o haciendo otra actividad. Fíjate en la batería y, si tienes el móvil fijo en algún lugar, no está de más tenerlo enchufado para que no se te apague en mitad de un *streaming.*

Iluminación
La iluminación es un elemento muy importante de tu *streaming*. Una escena bien iluminada es lo que separa una escena *amateur* de una secuencia más profesional. El cine y la fotografía usan la iluminación para

---

15. https://www.elgato.com/en/cam-link/camera-check

mostrar muchas cosas: miedo, suspense, alegría, duda. La luz cuenta una historia por sí sola. Y la nuestra tiene que estar bien escrita de principio a fin. Si vas a hacer *streaming* delante del ordenador, es necesario que conozcas algunos conceptos básicos sobre el uso de la luz. En primer lugar, que la luz natural no siempre es bienvenida, y que a veces no basta con una sola luz de frente o en picado (desde arriba) para toda la habitación. **Julie Shiro** lo explica muy bien en su canal de Youtube, con ejemplos ilustrativos:

Las luces direccionales, las que van en una dirección determinada, por sí solas no son buenas para iluminar tu cara. Varias de ellas en conjunto y estratégicamente colocadas, ya es otra cosa. En estas tres imágenes puedes observar cómo no colocar las luces para tu *streaming*. Una luz de lado, como se ve en la primera fotografía, hace que tengas un lado de la cara muy mal iluminado. En la segunda foto esto mejora con la luz natural de una ventana, que puede ayudar más o menos si se difumina (de esto hablaremos luego), pero seguimos teniendo un lado oscuro. En la tercera foto hemos conseguido iluminar toda la escena, pero el fondo está sobreexpuesto (con demasiada luz).

La distribución de las fuentes de luz es importante

1. Lo primero de todo y lo más recomendable es a**segurarnos de que no estamos sentados de espaldas** a una ventana. Si nos llega luz natural desde la espalda será mucho más difícil contrarrestarla con luces delanteras y laterales.

2. Lo segundo es tener en cuenta **la luz que saldrá de los monitores** del ordenador. Es decir, tendremos una luz desde delante, difuminada, directamente al frente.

3. **Encenderemos la luz de la habitación, abriremos la ventana**, encenderemos la *webcam* o cámara desde su posición en el *streaming* y

nos fijaremos en **qué zonas de nuestra cara están más iluminadas y cuáles están más oscuras.**

4. Una vez encendidas las luces de la habitación, **vamos a intentar iluminar las zonas que queden más oscuras** de nuestra cara y/o cuerpo. Esto se puede hacer colocando desde esas zonas **lámparas que tengamos por casa** con la luz más blanca posible (o tirando a ámbar). Es decir, antes de ir a comprar material, intentaremos soliviantar la iluminación con lo que tengamos en casa.

5. Si la luz de la ventana o de la habitación son demasiado potentes o nos dejan muy blancos o con el fondo demasiado iluminado, **usaremos difusores** (cortinas) en las ventanas y adecuaremos la luz de la habitación.

Después de haber llevado a cabo estos pasos, a coste cero, si la iluminación no nos convence, iremos a buscar algo más profesional. La mayoría de *streamers* usan dos focos de iluminación colocados en diagonal desde detrás del ordenador hacia su cara para dotar de luminosidad cada perfil. Si se giran o se mueven, toda la cara está iluminada igualmente y no se pierde detalle. Este sería un ejemplo:

Disposición sencilla mediante dos focos de luz con difusores. studiogstock / FREEPIK / El Gato Focus

A esta distribución de luces, situadas detrás de tu pantalla, se le puede sumar un **tercer foco** que te ilumine desde el lateral, contrarrestando así la luz que salga por la ventana, si es lateral. Estos focos se pueden comprar por Internet. **El Gato** tiene opciones interesantes, como los **Ring Light** o los **Key Lights**. Cada foco puede costar unos 123 €/153 $, aproximadamente. Son opciones interesantes porque se controlan con una aplicación en el móvil que permite cambiar la temperatura[16] de la luz y la intensidad. Lo importante de los focos de luz que uses es que tengan difusores, que puede ser tanto una cortina como una pantalla translúcida.

Guirnalda de luces de enchufe / Tomshine. AMAZON

A continuación tienes algunos trucos contados por *streamers* para iluminar su escena:

• Usa guirnaldas, lámparas con bombillas de colores y tiras LED para iluminar las partes que desees de tu habitación. Intenta que se puedan controlar fácilmente a través de una aplicación para que sean más manejables
• Ten en cuenta siempre la luz natural. La luz natural es muy bonita y queda (sorpresa) muy natural. Anticípate a los acontecimientos y ten listo un Plan B para cuando se haga de noche si haces *streaming* de día, porque la iluminación irá cambiando
• No te compres focos a lo loco. Intenta primero adecuar tu *set-up* con lo que tengas en casa
• Usa paraguas, cortinas y trapos de colores como difusores de luz
• Si quieres diferenciarte bien del fondo, puedes situar una luz tenue

16. La temperatura de la luz se mide en grados Kelvin. Las luces cálidas tienen un número más pequeño (2200-3500K) y la luz fría, un número más grande (5000-6500K).

justo detrás de ti, que te de un aura simple para separarte del fondo, acentuando aún más el sujeto importante de la escena, que eres tú

- Ten en cuenta el color de tus *overlays* (elementos que se verán en pantalla cuando hagas *stream*, como el número de suscriptores o el recuento de bits). Si la mayoría de elementos que hay en pantalla los dispones de color azul, tal vez te conviene usar otras tonalidades de azul o colores contrarios para iluminar la escena

- Las luces que rebotan se diluyen mejor con el entorno e iluminan de manera más eficaz todos los rincones. Si tienes una bombilla o un foco demasiado potente, prueba a ponerlo de espaldas al sujeto que quieras iluminar y coloca una pantalla blanca delante, o ponlo de cara a la pared. De esta manera, la luz rebotará hacia ti, con una distribución más armoniosa.

Pack de dos focos Neewer regulables con difusores, a 50€/60$ en amazon.es

El audio: micrófono y auriculares

El sonido es casi o más importante que la imagen. De nada sirve gastar energías y recursos en una buena cámara si el audio no acompaña en calidad a la imagen. Los auriculares son casi una obligación, porque cuanto tú hables, lo que no puede pasar es que se acople el audio. Las principales marcas recomendadas son **Logitech**, **Razer**, **Corsair**, **SteelSeries** y **HyperX**.

Elige unos buenos auriculares

La familia de los auriculares se divide en tres: intraurales, supraurales y circumaurales. Los intraulares son los auriculares que se colocan dentro de la oreja, los "cascos" de toda la vida finos; los supraurales son redondos y se colocan encima de la oreja, mientras que los circumaurales cubren toda la oreja y te cogen la cabeza por fuera de ella. Estos últimos son los más recomendados gracias a la comodidad que proporcionan. Aquí algunos modelos:
Logitech G432 – 50 €/60 $

Auriculares muy cómodos de gama de entrada supraaurales. Ligeros y cómodos, de plástico

Logitech G432 – 50 €/60 $
Auriculares muy cómodos de gama de entrada supraaurales. Ligeros y cómodos, de plástico

Logitech G935 – 150 €/182 $
Auriculares sin cable de gama media-alta, por si tienes que moverte mucho o simplemente te gusta no tener que depender de un cable.Las luces son configurables y el micrófono es bueno

Corsair HS35 Carbon – 50 €/60 $
Gama de entrada de Corsair que no tiene nada que envidiar a la gama de entrada de otras marcas. Cascos robustos, sencillos y sin luces

Corsair Void Elite – 110 €/ 130 $
Muy cómodos, inalámbricos, con luces, con un muy buen micrófono, según todas las *reviews*. Materiales robustos y fiables.

HyperX Cloud Alpha – 76 €/92 $
Auriculares muy ligeros, el sonido es bueno, y aunque los materiales podrían ser algo mejorables, aíslan muy bien. El micrófono es extraíble por si los quieres usar en la calle.

Razer Kraken – 55 €/67 $
Cascos chillones, robustos, grandes, cómodos. Estos cascos no dejan indiferente a nadie. De buena calidad, con cable, y muy aislantes.

HyperX Cloud Stinger – 45 €/54 $
Diseño diferente, con cable, gama de entrada de HyperX. Afilados, con metal para una mayor robustez y de buena calidad.

MSI Immerse GH50 – 72 €/87 $
Auriculares con cable, muy cómodos, casi no se nota que los llevas puestos. Materiales de calidad y sonido más que aceptable.

Steelseries Arctis 5 – 130 €/158 $
La calidad de audio de SteelSeries ha sido siempre un tanto indiscutible, así como su comodidad. También en versión *wireless*. Muy recomendados.

Por supuesto, estos no son todos los auriculares que se recomiendan, existen mucho más, pero en comparación, las mejores opiniones circulan alrededor de estos modelos, algunos más económicos que otros. Todos estos auriculares, además, tienen micrófono. Si no te interesa gastarte más, puedes usarlo también para tu *streaming*.

El micrófono

Hay varios tipos de micrófonos según la dirección desde donde reciben mejor el sonido: omnidireccionales, cardioides, supercardioides, bidireccionales, shotgun. ¿Y cuál se ajusta más a lo que necesitas? Un micrófono cardioide, que capta el sonido que venga de delante de manera clara y precisa. Aquí algunas recomendaciones:

Trust Gaming GXT Emita – 110 €/134 $
Micrófono pensado especialmente para el *streaming*. Incluye un protector/filtro de aire de pantalla doble y se conecta por USB al ordenador. Pensado para captar la voz con claridad.

Shure MV7 – 220 €/268 $

Una apuesta segura. Micrófono de gran calidad y mucha agudeza, además de buenos materiales. Además, Shure cuenta con un *software* muy intuitivo, profesional. Muy recomendado.

HyperX Quadcast S RGB 180 €/219 $

Si te gustan los micrófonos singulares, este es el tuyo. Aparte de la buena calidad y la posibilidad de cambiar su direccionalidad, cuenta con luces personalizables y la opción de silenciarlo con solo tocarlo.

Blue Yeti micrófono – 140 €/170 $

Micrófono muy recomendado para hacer *streaming* con buenas *reviews* y buenos comentarios, fácil de usar. Graba muy limpio y nítido con una semejanza a la calidad de estudio profesional muy bien conseguida.

Razer Seiren X – 100 €/122 $

Micrófono supercardioide de muy buena calidad, botón de silencio para desactivar el micrófono con rapidez, elegante y con un sonido muy claro. Es resistente a los golpes.

Rode NT-USB 155 €/189 $

Rode es una marca muy reconocida en el mundo del audio. Este micrófono tiene la calidad de un micrófono profesional de estudio, indicado también para la grabación de música.

Si el precio de estos micrófonos te parece excesivamente alto, puedes mirar los modelos **Audio-Technica AT2020**, el **Razer Seiren Mini**, el **Behringer C-1**, el **Genesis Radium 300 XLR** o el **Trust 23790**, que cuentan con buenas puntuaciones y opiniones en las páginas de los vendedores. Algunos *streamers* los recomiendan para empezar, pero el sentir mayoritario es que es primordial gastarse un mínimo en calidad de audio. Muchos *streamers* recomiendan además que el micrófono sea de condensador, usados normalmente para grabar voces de estudio. Si estás acostumbrado a hablar alto, chillar, o tienes una voz muy potente, sepas que estos micrófonos toleran mucho mejor los sonidos altos. Además, son más sensibles, por eso es importante que no toques la base o que no estén encima de la mesa. Si los tocas, eso también se escucha. Ahora entiendes por qué la mayoría de *streamers* los tienen en alto colgando de una estructura.

Chromas para Twitch: cómo eliminar el fondo

El chroma o clave de color es una técnica usada en el campo audiovisual que sustituye un color determinado en pantalla por otra imagen. Se usa en fotografía, en el cine y en la televisión y ya sabes cómo funciona, porque ya lo has visto. Se usa en los *streamings* para ocultar el fondo de la habitación y que solo se vea la silueta del *streamer* en pantalla. ¿Y sabes por qué los chromas (el material que se usa) suelen ser de color azul o verde? Porque es el color menos presente en los seres humanos. Es decir, cuando le digamos al programa que cambie un color por otro, nuestra cara no cambiará, porque tenemos muy pocas tonalidades azules o verdes. Si el chroma fuera de color amarillo o rojo, otro gallo cantaría. Este es el aspecto que tiene un chroma:

Felinu Academy / YOUTUBE

Hay programas como **XSplit VCam** que hacen desaparecer el fondo sin necesidad de un chroma. Eso sí, la calidad que da una tela (bien planchada) o un papel de color, todo bien montado, no es discutible ni comparable, porque los programas no suelen cortar a la perfección el pelo. Además, cuando el *streamer* se mueve, el programa lo capta pero tarda un poco en procesarlo, así que a veces se ven cuadrados grises en la imagen. Por eso es mejor usar un chroma con una tela o un papel de fondo. Probablemente la tendrás que planchar cada vez que quieras usarlo, porque las arrugas se notan.

Controladoras o *streamdecks*

Las controladoras o paneles de control de *streaming* son consolas pequeñas pensadas para gestionar diferentes acciones y funcionalidades de tu transmisión de forma rápida y ordenada. Este es el aspecto que tienen:

Streamdeck ElGato

Se trata de una consola con varios botones totalmente configurables. Las posibilidades que ofrece son muy amplias. Por ejemplo, en uno de los botones puedes configurar un cambio de escenas: que en tu transmisión se deje de ver la escena general para pasar a verte a pantalla completa. Así no tienes que buscar entre las opciones de tu programa, sino que puedes hacerlo con un simple botón. Las posibilidades son infinitas, pero se trata de una herramienta que no es totalmente necesaria cuando empiezas, por eso no nos extenderemos mucho más con ella. Las controladoras de El Gato son de las más famosas y más usadas en el mundo del *streaming*. El de 15 teclas cuesta unos 140 €/166 $, y el de 32, 240 €/284 $.

¡Luces, cámara, acción!

Ya tienes todos los elementos audiovisuales que necesitas para llevar adelante tu *streaming*. Ahora lo que deberías hacer es alguna prueba de compatibilidad, mirar que todo funciona correctamente y que todo está a tu gusto. No deberías parar la transmisión para arreglar un problema técnico. Cárgalo todo (focos, auriculares inalámbricos, etc.) y asegúrate de contar con una buena iluminación, que todo esté listo para que te tengas que preocupar muy poco de lo que tienes a tu alrededor. Es hora de centrarse en el contenido y en aprender a preparar y desarrollar una transmisión desde cero. Vamos a bucear por todas las posibilidades que te brinda esta plataforma. Pasa página, que empezamos.

4

EL *STREAMING* EN TWITCH: PRIMEROS PASOS
Cómo sacarle todo el partido a la plataforma

Con todos nuestros periféricos listos, cámara, micrófono, auriculares, iluminación adecuada, es el momento de sumergirse de lleno en el universo del *streaming* en Twitch. Antes que nada comentaremos un detalle que es evidentemente muy importante: necesitamos una conexión a Internet más que rápida. Un *streaming* requiere muchos recursos por parte del ordenador, que tiene que gestionar diferentes programas y procesos, pero también por parte de la red, porque tenemos que poder jugar (si nuestro *streaming* se centra en eso) y enviar la información de nuestra pantalla, de nuestro ordenador, al mismo tiempo a la web.

Los megas de subida de nuestro Internet son los que más nos interesan si vamos a jugar a videojuegos, porque es la velocidad que determina cuán rápido llega la información de nuestro ordenador al servidor. La velocidad de subida también variará en función de la calidad de nuestro *streaming*. Twitch recomienda 4,5 megas por segundo para un *stream* de 720p a 60 *frames* y 6Mbps para un *stream* de 1080p a 60fps.

Conoce la plataforma: primeros pasos

Para hacer *streaming* en Twitch primero tendremos que conocer un poco la plataforma y saber cómo funciona, además de averiguar qué significa todo ese vocabulario que a veces hemos escuchado: hacer una *raid*, *hostear*, dar *bits,* suscribirse, alojar otro *streamer*. Vamos a hablar de categorías, etiquetas, recompensas, de los tipos de *streamer* y las características que se desbloquean con cada uno. Twitch tiene, asimismo, muchos trucos, herramientas y sugerencias que ofrece la propia plataforma, que puedes usar para enriquecer la transmisión. Tampoco tenemos que olvidarnos de respetar las normas de la comunidad, que aunque cuentan con una estructura, cambian según evoluciona el contenido, además de tener en cuenta nuestro querido amigo el *copyright* o derechos de autor. Empecemos por lo básico de lo básico: los niveles de *streaming* y los niveles de suscripción.

Streamer, afiliado y socio/*partner*

	Streamer	Afiliado	Socio
Seguimientos	✓	✓	✓
Chat	✓	✓	✓
Suscripciones		✓	✓
Ranuras de emoticonos		Pocos	Muchas
Ingresos por publicidad		✓	✓
Cheermotes personalizados			✓
Emblemas de suscriptor		Pocos	Muchas
Emblema verificado			✓

Tabla comparativa básica de streamers, afiliados y partners, en 2021. / TWITCH

1. El *streamer* raso representa el primer nivel de transmisión en Twitch. Es aquella persona que ha empezado hace poco o que aún no llega a unos determinados mínimos para subir de nivel y ser considerado un

afiliado. Este tipo de *streamers* no tiene las funcionalidades de un afiliado, y por ende, tampoco las de un *partner*. Es la categoría en la que estarás cuando empieces en Twitch. Puedes manejar el chat y tener seguidores, pero aún no recibirás dinero por tu *streaming*.

2. La categoría de afiliado cuenta con unos requisitos fáciles de asimilar, y se puede conseguir con cierta facilidad. Cuando eres afiliado puedes recibir ingresos por publicidad, ingresos por tus suscriptores y tienes espacio para un par de emoticonos propios de tu canal.

3. El *partner* tiene un emblema verificado, reciben más ingresos por parte de los suscriptores y anuncios y más emoticonos. Se te considera "socio" de Twitch. Por cierto, no se puede ser socio y afiliado a la vez.

Cuando empieces a transmitir serás un *streamer* raso. Es decir, podrás tener seguidores, podrás usar el chat y otras pequeñas funcionalidades de las que ahora hablaremos, pero poca cosa más. El "trabajo" que tienes como *streamer* es ir consiguiendo logros para que Twitch te considere algún día como afiliado. La plataforma ya te avisa, sin embargo, que conseguir todos los logros o requisitos no te garantiza ser afiliado, solo te garantiza el poder aspirar a ello mediante un formulario. Después Twitch decide.

Requisitos	Afiliado	Socio*
Tiempo de transmisión (últimos 30 días)	8 horas	25 horas
Días en los que se ha transmitido (últimos 30 días)	7 días	12 días
Promedio de espectadores por transmisión	3 espectadores	+75 espectadores
Seguidores alcanzados	+50 seguidores	-

Requisitos para pasar de *streamer* a afiliado y de afiliado a socio, en 2021 /TWITCH

Ser afiliado

Ser afiliado es el primer paso para que Twitch empiece a considerarte un *streaming* relevante entre la comunidad. Para conseguirlo, como ves en la tabla, necesitas haber retransmitido unas ocho horas en los últimos 30 días, un mínimo de 7 días, tener como mínimo 3 espectadores de media y 50 seguidores en tu canal. Como puedes ver, no son unos requisitos muy difíciles de conseguir. Si te esfuerzas, puedes llegar sin problemas.

Cuando eres *streamer* raso ganar dinero desde Twitch no es posible. En cambio, cuando eres afiliado, sí, y hay tres formas: a través de las suscripciones, por medio de los anuncios y cuando te regalan bits, que es la "moneda" de Twitch. Para ser afiliado debes completar una serie de logros (que se pueden ver en tu perfil).

Los *streamers* que destaquen y consigan llamar la atención de Twitch recibirán una invitación por correo electrónico que también aparecerá en "Notificaciones", en el panel de control. Del panel de control hablaremos más adelante en una sección aparte, porque tiene muchos componentes, entre los que se encuentran los Logros, donde puedes comprobar el estado de tu ascenso hacia el afiliado o socio. a incorporación al programa de afiliados conlleva cuatro pasos importantes:

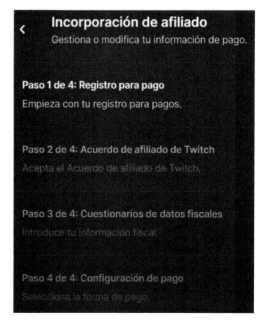

1. Registro para pago: nos pedirá el nombre, apellidos, nombre del canal, fecha de nacimiento, correo electrónico, nombre legal de la empresa si es para uso profesional y dirección permanente. Si eres menor de edad te pedirá la información de tu padre, madre o tutor o tutora legal.

2. Firma el acuerdo de afiliado de Twitch, que incluye aceptar todas las normas del programa.[17]

3. Datos fiscales. Te pide si eres una persona física o un negocio, si eres un agente intermediario, número de identificación tributaria (TIN) y la ubicación de los servicios prestados.

4. Configuración del pago. Hay varias formas de obtener el dinero, a través de transferencia bancaria o cheque electrónico y PayPal, aunque hay una comisión. Los socios no pagan comisiones, los afiliados sí, además de una tasa, que no es barata. Por ejemplo, con Paypal te pide 20,00 USD si resides fuera de EEUU.

Una vez te conviertes en afiliado de Twitch te saldrá este mensaje en tu canal:

Las herramientas y beneficios del afiliado

Como afiliado, ganarás la mitad de lo que pagan tus seguidores por suscribirse, un 50 %. Estas suscripciones duran un mes. Los *bits* sí que son completamente tuyos, recibes el 100 %, que toca a un céntimo por bit usado. En cuanto a los anuncios, Twitch te da 2,87 € o 3,5 $ por cada 1.000 anuncios vistos en tu canal. Claro, si tienes pocos espectadores vas a tener que esperar mucho para ganar esa poca cantidad. Por eso las personas con muchos seguidores sí que ganan bastante de dichos anuncios. Los suscriptores, además, no ven anuncios, y tienen acceso a los emoticonos que tú hayas seleccionado para su nivel de suscripción, siempre que sigan suscritos a él. También puedes emitir solo para sus-

17. El acuerdo del programa de afiliados de Twitch se puede consultar en su página web e incluye las normas del programa y sus características, como por ejemplo los pasos a seguir para poder cobrar de las suscripciones, bits, anuncios y demás.

criptores. Algo que debes tener en cuenta es que no cobrarás nada hasta haber alcanzado un mínimo de 100 dólares en ganancias. Es decir, si
durante el mes de octubre acumulas 10 $ en ganancias, no se te ingre-
sará nada. Si en noviembre ganas 95 dólares, entonces al cabo de 15
días (que es lo que tarda Twitch en pagar) recibirás el importe, porque
habrás superado los 100 $.

Cuando eres afiliado solo puedes tener un emoticono de suscriptor
por cada nivel. Para tener más tendrás que desbloquearlos con puntos
de suscripción, que se obtienen mediante suscripciones a tu canal. Tus
suscriptores también tienen otra manera de ganar emoticonos, y es a
través de los *bits*. Cuando te donan cierta cantidad de *bits* obtienen un
emoticono de *bit*. Esos emoticonos no se pierden.

Los puntos de canal también entran en juego cuando te haces afiliado. Se trata de otra moneda virtual sin ningún tipo de ganancia ni para
ti ni para tu suscriptor. Se ganan a medida que tus seguidores alcanzan
objetivos, como seguirte, pasar un tiempo determinado en tu *stream* o
participar en un raid. Estos puntos de canal se acumulan al lado del
chat y tus suscriptores los pueden cambiar seleccionando en una especie de catálogo diseñado por el *streamer* lo que escojan. Por ejemplo,
por 100 puntos de canal, tus suscriptores pueden escoger el arma con
la que jugarás la próxima partida, enviar un mensaje que después se
emitirá con audio y muchas cosas más. Es una manera de amenizar el
chat y de fomentar la implicación. El nombre de los puntos de canal se
puede personalizar. Les puedes llamar como quieras. Por ejemplo, el
streamer TheGrefg les llamaba "Calvo Points". Aquí el ejemplo:

Otra ventaja de los afiliados y que se amplía de manera considerable
con los socios son los emblemas, pequeños emoticonos o medallas que se
adhieren a tu nombre. Estos emblemas los *streamers* los configuran para
que los suscriptores obtengan más reconocimiento, pues muchos de ellos

se refieren a la cantidad de meses que un suscriptor lleva en la familia. Este es, en junio de 2021, el emblema de suscriptor de un mes de Ibai:

Las encuestas también son una buena manera de animar a tu audiencia a participar, además de poder generar unos ingresos extra, porque se puede participar con *bits*. Este es el aspecto que tendría la creación de una encuesta nueva para los usuarios de tu chat. Como ves, se pueden permitir votos adicionales con *bits* o con los puntos de canal, que en este caso, en el canal de **Aletz84**, se trata de Burbujitas:

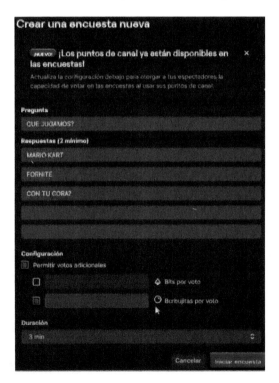

Por otro lado, el afiliado te da la posibilidad de repetir tus *streamings*. Con esta opción, Twitch alerta a tus seguidores como si estuvieras en directo. Tal vez es buena idea que anuncies que vas a llevar a cabo una repetición para que los que te ven no esperen algo nuevo o se sientan decepcionados al entrar. Especificarlo en el título del *streaming* tampoco es mala idea. Esta herramienta la usan algunos *streamers* cuando tienen poco tiempo, bien sea porque están de vacaciones, de exámenes, o sin ideas.

Convertirse en socio/*partner*

Después del programa de afiliados, la siguiente meta en Twitch es convertirse en socio de la plataforma, o *partner* en inglés. Esta opción se reserva a una pequeña minoría que Twitch escoge por ser relevante dentro de la comunidad y estar comprometido con tu trabajo en Twitch. Las ventajas de ser socios son más amplias que en el programa de afiliados, y el reconocimiento que se recibe desde la comunidad también aumenta, porque se supone que, de alguna manera, eres VIP. Los requisitos para convertirse en socio son las siguientes: durante los últimos 30 días tienes que haber hecho *streaming* durante 25 horas, 12 días distintos y tener una media de 75 espectadores en cada transmisión. Para optar al programa de socios hay que cumplir estos tres objetivos a la vez durante un mes. Pero cuidado, letra pequeña: no cuentan las emisiones para suscriptores ni las repeticiones. Tampoco los estrenos ni los vídeos grupales. Además, como ya sabes, optar al programa de socios no implica necesariamente que Twitch te reconozca como tal.

¿Se puede ser socio directamente sin ser afiliado? Sí, se puede, pero no es lo común. Esto solo lo consiguen las personas que ya tienen una comunidad consolidada en Youtube o Twitter, redes sociales a las que Twitch tiene en gran estima y desde las que la plataforma te puede reconocer tu "fama". Es decir, si vinculas tus cuentas de Youtube o Twitter y te postulas al programa de socios a través de la opción "¿Ya tienes un público consolidado en Youtube o Twitter?", la plataforma puede tenerte en cuenta para el programa de socios sin pasar por el programa de afiliados. Lo normal es conseguir primero el afiliado y después el partner. De los 2 millones de *streamers* activos, según Twitch, 27.000 son socios.[18]

Las ventajas de ser socio

Conociendo ya las ventajas de ser afiliado, esta sección te resultará muy fácil de entender. Los socios de Twitch obtienen, para empezar, una in-

---

18. https://www.twitch.tv/p/es-es/partners/faq/

signia de socio verificado de color lila que se colocará al lado de tu nombre. Esta insignia te identifica como socio, hecho que te otorga cierto renombre entre la comunidad porque significa, a grandes rasgos, que tienes una comunidad que te apoya y que has construido un canal de contenido sólido, constante y que funciona. Twitch te lo reconoce con tu membresía en el programa de socios:

Ser socio es el último escalón al que se aspira en Twitch, aunque siempre puedes mejorar tu comunidad o buscar más proyección fuera de esta plataforma, si te interesa seguir creciendo profesionalmente. El programa de socios cuenta con más ventajas que el de afiliados, como ya debes saber, y con más características para personalizar y manejar tu transmisión. Esto te ayudará a conseguir más visibilidad y con ello, más reconocimiento. A más reconocimiento y fama, más personas que te ven y te siguen, hecho que se acaba traduciendo, la mayoría de las veces, en más ingresos.

Con el programa de socios de Twitch las cuotas de pago o comisiones que antes hemos comentado que abonaban los afiliados, desaparecen. Ya no tienes que pagar una comisión para recibir los pagos, que los cubre Twitch. Además, puedes recibir más dinero por tus suscriptores, llegando a ganar el 70 % de lo que se ingresa por suscripciones, además de muchos elementos de personalización del chat y otras cuestiones que puedes manejar desde el panel de control.

Ser socio en Twitch no es fácil. Requiere trabajo y dedicación, y aunque muchos *streamers* cumplían con los requisitos y solicitaron su entrada en el programa, a muchas personas se les negó. Para que te hagas una idea de qué significa ser socio para Twitch, en el programa de socios indican, textualmente, que "buscamos socios que puedan actuar como modelos para la comunidad".[19]

19. https://www.twitch.tv/p/es-es/partners/

Canal del socio de Twitch Horcus, jugador profesional de Valorant / Horcus.
TWITCH

Estas son las diferencias expresas entre un *streamer* que empieza, los afiliados y los socios:

	Streamer "raso"	Afiliado	Socio
Emblema de verificado	NO	NO	SÍ
Atención al cliente de Twitch	Estándar	Estándar	Con prioridad
Hacer hosts y raids	SÍ	SÍ	SÍ
Drops (recompensas para juegos)	SÍ	SÍ	SÍ
Elementos del chat			
Emoticonos personalizados	NO	SÍ, hasta 5 emoticonos de suscripción	SÍ, hasta 60 emoticonos de suscripción
Chat solo suscriptores	NO, pero sí solo seguidores	SÍ	SÍ
Chat solo emoticonos	SÍ	SÍ	SÍ

	Streamer "raso"	Afiliado	Socio
Puntos de canal	NO	SÍ	SÍ
Encuestas	NO	SÍ	SÍ
Hacer clips	SÍ	SÍ	SÍ
Cheering con bits	NO	SÍ	SÍ
Herramientas de vídeo			
Transmisión para suscriptores	NO	SÍ	SÍ
Stream grupal	NO	NO	SÍ
Calidad del stream	SÍ, se puede cambiar	SÍ, se puede cambiar	Acceso total a las opciones de transcodificación
Retraso en la emisión (para evitar *stream* sniping)	SÍ, desde OBS y otros programas	SÍ, desde OBS y otros programas	SÍ, Twitch propociona hasta 15 minutos
Almacenamiento	SÍ	SÍ, 14 días	SÍ, 60 días
Características monetarias			
Cuotas de pago/ comisiones	No puedes cobrar	A cargo del afiliado	Cubiertas por Twitch
Anuncios	NO	SÍ	SÍ
Suscripciones	NO	SÍ, ganas el 50%	SÍ, pudiendo negociar el 70% de las ganancias
Bits	NO	SÍ, ganas 1 céntimo por bit	SÍ, ganas 1 céntimo por bit

Los socios reciben suscripciones vitalicias al canal para los chatbots, que son una especie de moderadores automáticos del chat; suscripciones adicionales para familiares y amigos vitalicias, emblemas de chat personalizados, acceso a oportunidades y experiencias reservadas para ellos, y un panel de control más extenso desde el que gestionar nuestra experiencia en la plataforma. A este panel de control deberíamos dedicarle un libro en sí, dada su extensión y posibilidades. Hagamos una pausa para echarle un vistazo.

El panel de control de Twitch

La sala de máquinas desde donde puedes controlar y gestionar tu comunidad, contenido, preferencias, herramientas, datos, extensiones y demás se llama Panel de Control del Creador y se encuentra en la dirección siguiente: *https://dashboard.twitch.tv/*. El panel de Twitch es muy extenso y las funciones varían si eres un *streamer* raso, afiliado o socio. Para entrar al panel, como es obvio, Twitch nos pide que iniciemos sesión:

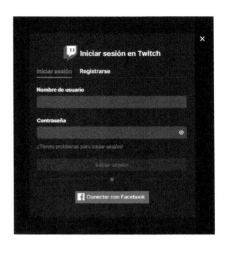

Una vez iniciamos sesión, veremos que la información se aglutina y organiza a la izquierda, con las siguientes pestañas secundarias:

- En <u>Inicio</u>, Twitch nos proporciona, al empezar, una serie de artículos y videotutoriales con los que podremos aprender el ABC de Twitch, con información interesante para dar los primeros pasos en la plataforma: cuáles son las directrices de la comunidad, cómo funcionan los emoticonos o cómo gestionar los derechos de autor en tu canal.
- En <u>Gestor de la transmisión</u> tienes una vista general de lo que pasa en directo mientras transmites: quién te empieza a seguir, cuánto tiempo llevas en directo, cuántos seguidores, espectadores y visualizaciones totales tienes, la velocidad de bits de tu transmisión, editar la información, hacer un clip, iniciar una *raid*, y activar o desactivar algunas funciones,

como el chat de solo seguidores. Es una pestaña que actúa como un segundo panel de control que puedes ir mirando en directo, para saber qué pasa y tener a mano diversas funcionalidades. El panel es configurable y ofrece muchas posibilidades, que se incrementan cuando eres socio.

La cosa se pone interesante en <u>Datos</u>, la pestaña que te proporciona toda la información referente al impacto de tus transmisiones, tanto a nivel monetario como a nivel social, en la comunidad de Twitch. Este panel corresponde al *streamer* TheKarma:

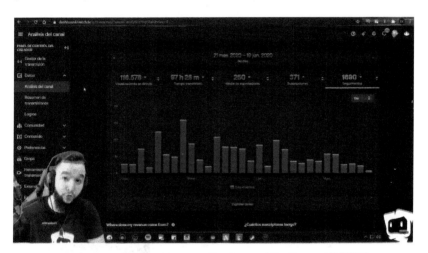

Panel de análisis del *streamer* TheKarma / TheKarma.YOUTUBE

- <u>Datos</u> se divide en Análisis del Canal, Resumen de Transmisiones y Logros. Los logros es importante que los tengas en cuenta al empezar en Twitch porque te indica los pasos necesarios que debes seguir para que tu canal de el primer empujón, como conseguir un mínimo de seguidores o de personas que hablen simultáneamente en el chat. En Análisis de Canal, como puedes ver en la imagen de TheKarma, Twitch nos ofrece las estadísticas de nuestras transmisiones: visualizaciones en directo, tiempo transmitido, media de espectadores (que necesitarás tener en cuenta para conseguir el *partner*), suscripciones y seguimientos conseguidos, en un tiempo determinado. Estos datos son interesantes para conocer qué días funcionan mejor para hacer *streaming*, o conocer tus estadísticas totales. Este panel es muy completo y ofrece datos muy relevantes, ya que también puedes conocer de dónde viene la gente que acaba en tu *stream* (si desde las redes sociales, seguidores, otros canales, medios externos, etc.) u otros canales que comparten espectadores contigo, además de los clips más populares, qué categorías les gusta ver a tus espectadores, o qué tal han funcionado las notificaciones de directo personalizadas. Las estadísticas son importantes para entender cómo funcionas como *streamer*. La mejor recomendación llegados a este punto es que analices frecuentemente tu impacto en Twitch para averiguar cómo puedes progresar en la plataforma.

❏ **Las estadísticas son importantes para entender cómo funcionas como streamer. Estudiándolas podrás mejorar la calidad de tus transmisiones y adaptarte mejor a las necesidades o preferencias de la audiencia que te sigue**

- En <u>Comunidad</u> podrás consultar tu lista de seguidores, la actividad desarrollada en tu canal (cambio de título, anuncios, categorías) y el gestor de funciones. Esta herramienta es útil para otorgar el estatus de VIP (tienes 10 huecos cuando consigues el logro "Construye una comunidad) y moderador a los espectadores que tú elijas. Ya te puedes imaginar que VIP es reconocer a alguien de manera especial y moderador es aquel seguidor que te ayuda a mantener la armonía en el chat. Los <u>moderadores</u> vigilan el chat bloqueando usuarios, eliminando palabras obscenas y el *spam*. También mantienen el chat vivo animando a los demás a participar. Según el nivel de confianza que tengas con ellos, puedes otogarles más o menos poderes., convirtiéndoles además en editores, que ya pueden cambiar el título del *streaming* o poner anuncios durante tu transmisión. Estos cambios de título o categoría de la transmision, pausas publicitarias y demás se pueden consultar en Actividad, por si en algún momento quieres saber qué moderador puso los anuncios o restringió una conversación. Otra opción más dentro de Comunidad (recuerda que seguimos dentro del panel de control de Twitch) encontramos los puntos de canal, que se pueden activar cuando seas afiliado. En este subapartado puedes gestionar las recompensas que recibirán los espectadores a la hora de canjear sus puntos de canal.

- En Contenido encontraremos tres subapartados: Estudio de Vídeo, Colecciones y Clips. En el Estudio de Vídeo podremos consultar todos los vídeos que ya se han subido (recuerda que si tienes esa opción configurada como tal, tus retransmisiones se subirán automáticamente a Twitch) y eliminarlos, destacarlos, añadir a una colección, descargar o exportar, entre otras opciones. Dentro de Colecciones administraremos librerías de vídeos y en Clips podremos gestionar los vídeos cortos que hayamos creado durante o después de un *streaming*. Además, podemos vetar a determinados usuarios para impedirles que realicen clips en nuestro canal.

- Configuración contiene algunos elementos de personalización del canal y de la retransmisión en sí. En primer lugar, un elemento muy importante: tu Clave de transmisión principal. Esta clave es la que usarás para conectar tu *stream* con el programa que uses (OBS por ejemplo) y no la debes desvelar porque si alguien la consiguiera podrían transmitir vídeos en tu canal sin que tú te dieses cuenta.

El menú de Configuración es muy intuitivo: configuración de clips (activados, solo para seguidores, solo para suscriptores), permisos varios (canales que puedes administrar como editor y personas que pueden transmitir en tu canal), *raids* y *drops,* apariencia del canal, opciones de moderación, contenido destacado y mucho más. Cuando empieces a transmitir, una de las primeras cosas que deberías hacer es dirigirte a Configuración-Canal y cambiar tu foto de perfil, descripción y redes sociales, ya que la información de tu perfil es de las primeras cosas que se ven al entrar en tu canal.

- Último punto del panel de control que nos interesa: las extensiones. Se trata de una herramienta creada en 2017[20] que enriquece la experiencia de la transmisión. Las extensiones tienen muchos usos: como paneles interactivos, transmisores de información, integradores de juego, minijuegos en sí, encuestas, recompensas, paneles y muchos más. La mayoría provienen de desarrolladores externos y están pensadas para enriquecer el canal, entretener a los espectadores y facilitar al *streamer* la gestión del canal.

Página principal de las extensiones en Twitch / TWITCH

El universo de extensiones que podrás encontrar en tu panel de control de Twitch es infinito y poco práctico, si somos honestos. ¿Por qué decimos esto? Porque si ya conoces el nombre de la extensión que quie-

20. Twitch se actualiza constantemente para hacer su experiencia más cercana y útil tanto para el creador como para el espectador. Las extensiones supusieron una gran mejora en la gestión de los canales y en la relación con la audiencia.

res colocar (te la han recomendado, la has visto en el canal de otra persona, etc.) se puede buscar directamente, pero si no, es bastante más complicado. Twitch clasifica las extensiones por el tipo de "rol" que tienen en tu *stream:* extensiones para juegos, programación y cuenta atrás, alertas y reconocimiento, herramientas de *streamer,* implicación del espectador, música, votaciones y encuestas y juegos en extensiones.

Solo puedes tener activas un máximo de 6 extensiones, divididas en 3 extensiones activas de panel (es decir, que se pueden desplegar y/o consultar por el seguidor o espectador, son interactivos), 2 de componentes (llevan a cabo diversas tareas) y una de superposición, que son las que solo son visibles cuando haces *streaming*, porque, como su nombre bien indica, se superponen en tu pantalla.

El mundo de las extensiones merece un libro aparte, porque todas y cada una de ellas funciona y se muestra de una manera diferente. Esto se debe, como ya hemos comentado, a que son creadas por desarrolladores externos. Para buscarlas, instalarlas y configurarlas, solo tienes que ir a la sección <u>Extensiones</u> de tu panel de control.

❑ **Las extensiones son una buena manera de ampliar la proyección de tu streaming, la interacción con tu audiencia y las oportunidades que ofrece tu transmisión. Puedes integrar encuestas, avisos, recordatorios, minijuegos, fotos, paneles de varios tipos y mucho más.**

5 extensiones recomendadas en Twitch

StreamElements Leaderboards crea unos paneles visuales muy bonitos donde tus seguidores pueden consultar las donaciones más altas, los últimos suscriptores, puntos de canal y hasta un contador hacia atrás para que tus seguidores vean cuánto tiempo queda para tu próxima transmisión.

StreamElements Leaderboards
Creador: StreamElements.com

Prime Subscription and Loot Reminder
Creador: Prime Gaming

Esta extensión añade un icono superpuesto en tu pantalla que recuerda a tus seguidores y espectadores que pueden suscribirse gratis a tu canal a través de su cuenta de Amazon Prime. Además, Amazon aprovecha y enseña otros beneficios que comporta su cuenta Premium.

My Wishlist crea una lista de deseos (en Amazon, por supuesto, pero integrada en tu perfil de Twitch) para que tus seguidores te puedan comprar lo que deseas.

Play with viewers permite a tus espectadores sumarse a una cola virtual para jugar contigo. También puedes ganar bits si

un usuario quiere pagar por colocarse en primer puesto.

Extensión para músicos que permite a tus espectadores pedir canciones con bits y conocer las canciones que puede tocar el *streamer*. Configurable y fácil de usar.

El primer vistazo a Twitch

Así es como se ve Twitch cuando entras a la plataforma, www.twitch.tv:

Captura de pantalla del inicio de twitch.tv, en junio de 2021

En la parte superior de la web hay una sección de *streamings* destacados y en la parte inferior, como su título bien dice, canales en directo que podrían ser de tu interés. A la derecha está el panel de control para iniciar sesión o registrarse y crear una cuenta. A la izquierda, otra lista de canales recomendados, que cuando inicies sesión, cambiará a una lista de canales que sigues que en ese momento se encuentran en directo. Más abajo encontramos esta sección, las categorías:

Captura de pantalla del inicio de twitch.tv, en junio de 2021

Categorías y etiquetas

Las categorías son palabras que se usan para clasificar lo que se hace en directo. Normalmente se refieren a un juego determinado (Valorant, League Of Legends, Call Of Duty) pero también existe Charlando, Mú-

Captura de pantalal de algunas categorías de Twitch, en junio de 2021

sica, Deportes, Ciencia y Tecnología, Comida y Bebida, Aire Libre y Viajes, y mucho más. Las categorías son el sistema de organización de Twitch. Sin ellas, la plataforma sería un cúmulo interminable de canales sin sentido.

Puedes buscar un *streaming* por la categoría, y estas también aparecen en el inicio de Twitch, como hemos comentado antes. En esta lista de aquí arriba, vemos League Of Legends y Dead by Daylight, entre otras, con la foto del juego, para identificarlo más rápido. Twitch también nos indica los espectadores que en ese momento están mirando algún *stream* de dicha categoría y las etiquetas de que dispone. Las etiquetas son una segunda clasificación, por debajo de las categorías, que especifica un poco más allá del juego y de la categoría en sí, lo que está pasando. Según como avanza la comunidad, Twitch se encarga de añadir tanto categorías como etiquetas. Las transmisiones pueden contar hasta con cinco etiquetas y los usuarios de Twitch pueden sugerir etiquetas nuevas a la comunidad.

Transmisión de Mayichi, junio de 2021 / Mayichi.TWITCH

Esta imagen de arriba es el aspecto que tiene una transmisión en Twitch. En la mayoría de la pantalla tenemos el *streaming* y en un lado, normalmente, está la cámara de la persona que transmite. No ocupa demasiado espacio pero permite a los espectadores ver sus reacciones y sentir que están interactuando con ella. Debajo del vídeo tenemos el nombre del canal (en este caso, Mayichi, con el emblema de verificación de socio de Twitch) y a continuación el título, con emoticonos y la señal de que está en directo. Una línea más abajo encontramos la categoría (el juego al que está jugando) y las etiquetas: Español, Juego de aventuras, Shooter en primera persona, Shooter y RPG.

A la derecha de la pantalla hay un pequeño panel que permite seguir al *streamer* (el botón del corazón) y activar o desactivar las notificaciones de cuando esté conectado. Son los dos botones negros:

El botón lila es el botón más llamativo y está hecho así adrede, para que sea muy fácil de encontrar. Es el botón para suscribirse al canal. Las suscripciones son la mejor forma de apoyar a un canal de Twitch que nos guste o que nos haya despertado simpatía. Los números en rojo representan las visualizaciones del momento, es decir, el número de dispositivos que están conectados en este *streaming* en ese momento, además de las horas que lleva el usuario en marcha y otras opciones, como compartir el perfil o denunciarlo por infringir las normas de la comunidad.

Chat: emoticonos, administradores, emblemas

La sala del chat es el lugar donde los espectadores comparten sus comentarios e impresiones sobre lo que ven. También se usa para pedir canciones a los músicos o recetas a los cocineros, por ejemplo. A continuación tenemos una foto del aspecto que tiene el chat en el tema oscuro de la plataforma. Cuando se transmite de noche el modo oscuro ayuda mucho a calmar la vista y a no fatigarla, por eso es una recomendación. El chat como tal, por sí solo, tiene muchas funcionalidades y detalles. Veámoslos:

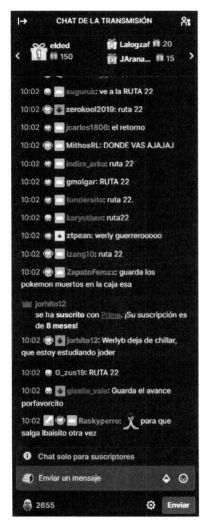

Los nombres de los usuarios son de colores para poder diferenciarlos de un vistazo. Delante ellos, si te fijas, hay una serie de emblemas, que tienen un significado. Por ejemplo, La corona azul significa que el usuario está suscrito al canal con Prime Gaming. Recordemos que Amazon es el dueño de Twitch, de ahí las integraciones. En el chat se pueden habilitar y deshabilitar las marcas horarias de los comentarios. Es decir, la hora a la que se han puesto.

En la parte superior de la imagen hay una serie de regalos colocados como un podio que determinan los mayores donantes del mes:

También hay un icono arriba a la derecha en el que se puede comprobar qué personas están viendo el *stream,* concretamente. Aparecen sus nombres de usuario como tal:

En el chat hay muchos comandos que se pueden activar escribiendo una barra: /. Cuando la escribas te aparecerá una lista con todas las acciones que puedes llevar a cabo en el chat usando los comandos. Aquí un ejemplo:

Se pueden usar emoticonos y emblemas, que dependerán también del nivel de suscripción de tus seguidores y del nivel de compromiso de estos. Las suscripciones van por niveles y son una buena manera de apoyar el contenido del *streamer.* Hablamos de ello a continuación.

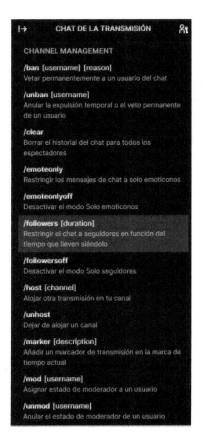

Las suscripciones

La suscripción es una de las herramientas que Twitch ofrece a la comunidad para que apoyen a su *streamer* favorito. Se trata de un pago al mes (o varios meses, según se configure) por el que el *streamer* recibirá una parte. Twitch se queda con otra a modo de comisión. Estas cantidades varían si el *streamer* es un *streamer* raso (no gana nada), afiliado (un 50 %) o socio (negociable un 70 %). Los suscriptores pagan una cantidad fija al mes y a cambio reciben emoticonos personalizados o emblemas para el chat, no ven los anuncios (con algunas excepciones), pueden acceder al chat de Solo Suscriptores y algunas funcionalidades y ventajas más que el *streamer* escoge. Existen tres formas de suscribirse:

- A través del pago de una suscripción. El seguidor paga la suscripción directamente con su cuenta de Paypal, con tarjeta, Trustly, transferencia bancaria, Skrill, amazon pay, paysafe, o con tarjetas regalo de Twitch,[21] y reciben descuentos si se suscriben más de un mes:

- A través de una suscripción regalada. Como usuario de Twitch, puedes regalar una suscripción a otra persona. Es decir, pagar por ella y la disfruta otra.

- A través de Prime Gaming. Los usuarios de Amazon Prime tienen una suscripción gratuita al mes con su cuenta. No se renueva automáticamente, por lo que cada mes deberían volver a suscribirse de manera manual.

Cuando un seguidor se suscribe puede escoger entre tres niveles de suscripción:

- <u>Suscripción de Nivel 1</u>: Hasta mediados de 2021 costaba 4,99$ o su equivalente en todos los países, y es el más usado, puesto que es el más económico. Suele tener un 20% de descuento el primer mes para que resulte más atractivo. Sin embargo, después de anunciar cambios en el sistema de suscripciones, Twitch rebajó esta suscripción, dejándola en 3,99$ o su equivalente, para adaptarse a la economía de cada país. Es posible, de este modo, que la suscripción con el coste más bajo descienda aún más en algunos países.[22] Los suscriptores tienen beneficios, como los emoticonos personalizados.

---

21. Las formas de pago varían según la zona geográfica porque están sujetas a disponibilidad.

22. En mayo de 2021 Twitch anunció las suscripciones locales, que se ajustarían al país de residencia de la persona que compra la suscripción. Los primeros países en experimentarlo fueron México y Turquía, donde el nuevo programa de precios entró en vigor el 20 de mayo de 2021. A finales de agosto de 2021, los precios de suscripción locales ya estaban disponibles para América Latina, Medio Oriente, África y Europa.

- Suscripción de Nivel 2: Cuesta 7,99 $ o su equivalente en el país. Se consiguen emoticonos personalizados exclusivos, más los de la suscripción de Nivel 1. Los *streamers* pueden escoger otras recompensas, como emblemas concretos.

- Suscripción de Nivel 3: Cuesta 19,99 $ o su equivalente y contiene todas las ventajas de los niveles anteriores, además de emoticonos adicionales (piensa que esto tiene que ser activado por el *streamer*), emblemas, adornos y todo aquello que el *streamer* escoja incluir.

Raids, hosts y drops

No, no es el nombre de una cadena de restaurantes de comida rápida. *Hosts* y *raids* son herramientas que Twitch pone a disposición de los creadores de contenido para fomentar la participación, hermandad y descubrimiento entre los *streamers*. La creación de comunidades es muy importante para Twitch. De hecho, ese sentimiento de pertenencia es lo que hace que sigamos un canal y pasemos más tiempo en la plataforma.

Los *raids* permiten a un *streamer* redirigir los espectadores que tiene en ese momento a otro canal de la comunidad. Es una manera de apoyarse. De esta manera, cuando un *streamer* termina su sesión, puede enviar a sus espectadores, a otro canal. Las comunidades, así, se conocen y se juntan, y pueden conversar juntas en el chat.

Ibai raideando a *streamers* con pocas visualizaciones. Ibai / TWITCH

Lo más idóneo a la hora de hacer un *raid* cuando acabes el *streaming*,[23] aunque se puede hacer en cualquier momento. Sí que debes tener en cuenta que al espectador no tiene por qué interesarle necesariamente el contenido del segundo *streamer*, así que es posible que abandone la transmisión. <u>¿Cómo se hacen los raids?</u> Escribiendo simplemente en tu chat el comando /raid [nombre del canal].

❏ **Con un raid trasladas tu canal al de otra persona, suman-do a su chat, todas las personas que tenías tú en el tuyo. En tu transmisión se empieza a ver además el canal de la otra persona. Con un host no se redirigen espectadores, se quedan en tu canal y en tu chat y en pantalla se ve el canal de la otra persona.**

Con los *hosts* "hospedas" un canal dentro del tuyo. Es decir, en tu canal se verá el canal de otra persona. No pierdes el chat, como pasa con el *raid*. Tus seguidores siguen estando dentro de tu canal, pero en pantalla se ve el canal de otra persona. Es como si cogieras tu cámara web y la apuntaras a una pantalla donde se ve otro canal. Seguimos estando en casa, en tu transmisión, pero viendo lo que hace otra persona. Es como si pasaras un vídeo de Youtube en tu *streaming*. Tus seguidores siguen ahí, en el chat, no los pierdes. Eso significa que por mucho que tus espectadores saluden en el chat al segundo *streamer*, este nunca va a saber lo que dicen.

Para activar tanto un *host* como un *raid*, escribimos en el chat /host [Nombre del canal] o /raid [Nombre del canal]. Para finalizarlo, escribi-remos el comando que acaba con la acción: /unhost o /unraid. Los *hosts* se pueden programar automáticamente.

---

23. Obviamente, esto se puede hacer en cualquier momento de la transmisión, no se tiene que hacer necesariamente al final, aunque se hace así para evitar que los especta-dores se desperdiguen y sientan que "se acaba la fiesta". Hay también muchos *streamers* famosos que hacen una raid a algún canal con muy pocos seguidores para ver la cara del streamer cuando recibe miles y miles de espectadores. En Youtube hay varios vídeos de esta temática.

Bits y cheers

Los bits son como la "moneda" de Twitch y se usan para mostrar apoyo (monetariamente) al canal. Los bits tienen forma de piedras preciosas o gemas, según la cantidad que donemos, y se pueden usar para participar en encuestas, sorteos, pedir canciones a músicos y mucho más. Al ser la moneda virtual de Twitch, es lo que se usa para "comprar" todo tipo de servicios y participaciones y también se pueden donar directamente a un canal para apoyarlo, además de usarse para activar o participar en las extensiones que hemos comentado antes. Twitch recomienda hacer uso de los bits para donar dinero a un canal, puesto que cuentan con protección ante las devoluciones o cualquier otro problema que puedas tener con ellos, ya

que la compra de bits se realiza a través de su plataforma. Comprar bits está disponible en tu página del perfil, y los precios son aproximadamente estos, dependiendo de tu región.

Cuando compras bits, puedes dirigirte al chat de tu *streamer* favorito y escribir "cheer" en el chat con el número de bits que quieres donar escrito a continuación, sin espacios. Es decir, por ejemplo: cheer10000 si quieres donar 10.000 bits. Según la cantidad que dones, podrás ver una piedra preciosa distinta en el chat, ya que va en función de la cantidad de bits que dones:

Ejemplo de cheering (animar, regalar bits) en Twitch

¿Por qué hablamos de *cheering*? *To cheer* en inglés es animar, que es exactamente lo que estamos haciendo con los bits. Cuando haces un *cheer* (cuando donas bits, es lo mismo), el *streamer* puede tener configurado que suene un corte de música determinado, un mensaje que flote en el canal, u otra interacción. Esto dependerá de cómo tenga configuradas las alertas, la persona que dona no tiene ningún control sobre ello. Lo que sí saldrá siempre en el chat de Twitch es la alerta que avisa de la donación ejecutada. Cuando hagas un *cheer* saldrá un *cheermote* (*cheer* + *emote*) en el canal, un emoticono especialmente pensado para celebrar la donación. Cuanto mayor sea la donación, más vistosa será la animación del *cheermote*. Recuerda que los *streamers* se llevan 1 céntimo de dólar por bit.

Los clips

Cada vez que pase algo relevante en tu canal, tus espectadores podrán realizar un clip. Un clip no es más que un corte de máximo 60 segundos (un minuto) que se publicará automáticamente en la lista de clips del *streamer* (si lo tiene habilitado, porque se puede deshabilitar para que solo los seguidores puedan hacerlo o que nadie lo haga). El botón para realizar un clip se encuentra en la esquina inferior derecha de una transmisión:

A continuación aparece la siguiente pantalla, en la que nos dejará seleccionar el recorte del clip y un título:

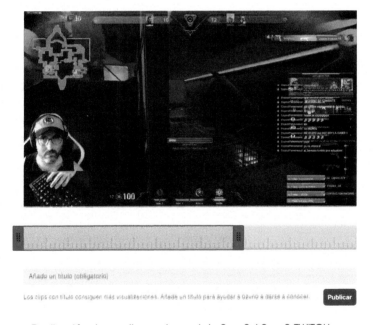

Realización de un clip en el canal de 0zun0 / 0zun0.TWITCH

La configuración de los clips, así como de los bits, mensajes en el chat, emoticonos, cheers, puntos de canal y demás, se encuentra en el panel de Configuración del canal, desde donde puedes gestionar todas estas opciones. Twitch es bastante intuitivo, es fácil encontrar las cosas que buscas, pero si en algún momento no es así y te sientes perdido, la plataforma ha puesto al alcance de los creadores una página de dudas y ayudas que te orientará cuando lo necesites. Es la siguiente: https://help.twitch.tv/s/.

En este momento puedes hacerte una idea, más o menos, de cómo funciona la plataforma. Evidentemente, existen miles, por no decir millones de comandos, secretos, programas secundarios y configuraciones más allá de las que hemos hablado ahora, pero lo que queríamos conseguir en este punto, a la salida del capítulo 4, es que cuando empieces a configurar tu canal a tu gusto, el entorno no te sonara a idioma extranjero.

Partiendo de los conceptos básicos aprendidos en este capítulo, es hora de zambullirnos de lleno en la creación de un canal y nuestro primer *streaming*. Para ello, y antes de transmitir, nos quedan dos clases más: una práctica y una teórica. La práctica es la personalización de nuestro canal. Vamos a maquillarlo y a prepararlo para que esté lo más bonito y presentable posible, para que atraiga a muchos más espectadores y que los que lleguen, se queden y se suscriban. Más adelante hablaremos sobre el funcionamiento del programa[24] para hacer *streaming*, en un capítulo práctico. ¡Vamos!

24. Sí, necesitas un programa para hacer streaming. No se puede hacer directamente desde Twitch. El nativo, o el recomendado por Twitch (obviamente) es Twitch Studio, pero los que más se usan son OBS Studio y StreamLabs OBS. Esos son los que usaremos nosotros.

5

LA APARIENCIA DE TU CANAL: DISEÑO Y COMPONENTES VISUALES

La primera impresión puede determinar si tu audiencia se queda o no

Cuando entras en una página web tan solo necesitas un par de segundos para decidir si te quedas o te vas. Tus ojos se empapan de detalles, te formas una primera opinión, navegas unos segundos por aquí y por allá, y finalmente haces lo que has venido a hacer... o te vas. En marketing eso tiene un nombre: "tasa de abandono", o también "porcentaje de rebote", métricas que ayudan a una empresa a saber si sus clientes son fieles o si una acción de marketing en concreto ha funcionado o no. Ya te puedes imaginar que una alta tasa de abandono significa que las cosas no funcionan. Lo que nosotros queremos conseguir cuando alguien entre en tu canal de Twitch, que al principio serán pocas personas, es que se queden, y, que al menos, le lleguen a dar al botón de "Seguir".

Twitch es una plataforma muy visual. Literalmente, es una televisión online, a la que cada día acuden miles y miles de personas a ver la tele, a ver qué hacen sus *streamers* favoritos, en qué andan metidos, qué tal se han levantado por la mañana, qué gorro se han puesto hoy, qué tipo de contenido están haciendo (para aquellos que no lo han anunciado previamente). Por eso, la imagen en Twitch es muy importante. En este capítulo hablaremos de los elementos visuales: foto de perfil (junto a la descripción), paneles y la creación de escenas y *overlays*,[25] imprescindibles para que nuestra transmisión luzca profesional.

Elementos visuales de nuestro canal

Hemos informado por Twitter de que entramos en directo en unos minutos en nuestro canal de Twitch. ¿Qué será lo primero que verán nuestros espectadores cuando hagan clic en el enlace? Pues nuestro *streaming,* con el chat a un lado:

Vista inicial de la transmisión de BomberFamily / BomberFamily.TWITCH

Al principio, como no nos conocen, nuestros espectadores descenderán esta pantalla (donde se ve nuestra transmisión) para acceder a nuestra información del perfil. Esta información contiene nuestra foto de perfil, una descripción, y las redes sociales:

---

25. Los overlays son elementos gráficos que se colocan "encima" de tu transmisión para decorarla. Hablamos del reborde tu cámara, recuadros para destacar las redes sociales, transiciones entre escenas e imágenes fijas de "Ahora vengo" o "Empezamos en 5 minutos" que se colocan de manera superpuesta en tu stream y mucho más. Overlay significa "cubrir" en inglés.

Vista de la descripción de BomberFamily / BomberFamily.TWITCH

Perfil del canal en Twitch: foto de perfil

La foto de perfil aparecerá en el link que compartamos en redes sociales y formará parte de nuestra carta de presentación, así que deberíamos escogerla cuidadosamente. Puede ser un logo que actúe como marca personal o una foto nuestra. La foto de perfil se puede cambiar en el Panel del Control del creador, en la sección Configuración>Canal>Marca. El formato debe ser JPEG, PNG o GIF, no podrá superar los 10MB y se mostrará circular.

Nuestra imagen de perfil debe ser única. Twitch es una plataforma audiovisual de promoción de marca propia, por lo que si al principio coincide con la imagen de perfil que tenemos en otras redes sociales como Youtube o Twitter, mucho mejor. Así, conseguiremos cierta armonía en lo que se refiere al desarrollo de nuestra marca y que nuestra audiencia nos identifique. Lo deseable sería que llamara la atención y que resultara atractivo, por lo que si es una foto recomendamos que la calidad sea la máxima posible. Piensa que eso no es muy difícil, puesto que se ve bastante pequeña en comparación a otros elementos de diseño de los que más adelante hablaremos.

El logo de tu canal

En Internet existen muchas páginas web con diseñadores dispuestos a crearnos un logo o una ilustración para nuestra imagen de perfil, previo pago, por supuesto. También hay páginas web que lo hacen de manera gratuita, y si tenemos conocimientos de diseño gráfico nos lo podemos hacer nosotros mismos, pero si queremos algo profesional, nos costará un dinero. No se trata de gastarse un sueldo entero, pero sí que hay que respetar y dignificar las profesiones que tienen que ver con el diseño y la ilustración, y no pedir estas cosas de manera gratuita. Otra opción también es diseñarlo nosotros mismos.

- Si preferimos <u>pagar por nuestro logo</u> olvidándonos del dolor de cabeza que supone diseñar uno, existen algunas páginas como **placeit. net**, **etsy.com** o **brandcrowd.com**. Si lo obtienes de Internet, asegúrate de que el logo es gratis tanto para uso personal como comercial para no tener problemas después con los derechos de autor. Un gran número de *streamers* crea su logo de Twitch a través de páginas web de pago quitando con Paint y otros programas de edición las marcas de agua. Esto no es legal y puedes tener problemas. Antes es mejor que ahorres durante un tiempo y compres uno a través de una página web o contratando los servicios de algún ilustrador o diseñador.

Logo generado por brandcrowd.com

- Si preferimos <u>diseñar nuestro logo nosotros mismos</u> necesitaremos, como es lógico, un programa de edición. El más común es Photoshop, pero es de pago y requiere conocimientos previos. Si lo tienes, seguramente ya conozcas las herramientas de personalización que contiene, que son infinitas. Recuerda que debajo de tu foto de perfil en Twitch aparecerá tu nombre de usuario, así que no hace falta (de hecho, desaconsejable) que esté en el logo.

Algunas de las herramientas gratuitas más intuitivas y fáciles de usar son **pixlr.com**, la alternativa gratis al Photoshop **Canva** y **vectr.com**. Tanto Pixlr como Canva y Vectr se pueden usar online. Gimp se tiene que descargar. Todos cuentan con la misma interfaz: espacio de trabajo en el centro y opciones de personalización en los laterales:

Logo muy sencillo diseñado con pixlr.com en 5 minutos / PIXLR.COM

En este caso hemos diseñado un logo en 10 minutos con una fuente predeterminada y un fondo lila acorde con Twitch, puesto que el color que predomina es este. Las opciones de personalización son infinitas y se pueden adjuntar imágenes, bordes, marcos precisos y superposiciones muy chulas. Toquetea estos programas (busca tutoriales en Youtube si lo necesitas) y diseña el logo que más represente el contenido que se va a hacer en el canal. Si es un canal de música tal vez puedes usar algún instrumento como logo. Si es un canal de cocina, una herramienta para cocinar. Si va a ser un canal de entrevistas, puede que quede bien un micrófono o una pluma de escritura. El límite lo pone tu imaginación.

En el Panel de Control, cuando te dirijas a Configuración > Canal > Marca para cambiar tu foto de perfil o logo, fíjate también en una opción de personalización que se llama Color de detalle de perfil. Esto te permite cambiar el color predominante en tu canal, y si tu logo es, por ejemplo, mayoritariamente amarillo, tal vez te interese que esto también sea amarillo. Además, puedes escoger entre el tema claro o el oscuro:

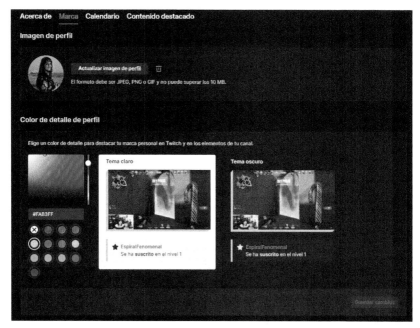

Menú de personalización del canal en el Panel de Control,
Configuración>Canal>Marca de Twitch / TWITCH

El banner

El banner de tu canal de Twitch es la imagen que se muestra como portada, cuando estés desconectado. Cuando estás conectado se muestra la transmisión en directo. Hay dos opciones, el fondo generado (que es tu nombre del canal repetido varias veces y con un color de fondo que coincide con el color del detalle de perfil) o la imagen personalizada. El fondo generado se ve tal que así. Es bastante simple:

Lo ideal es que diseñemos también un banner personalizado que concuerde, en forma y color, con la imagen de perfil o nuestra marca personal. El formato del archivo, como indica Twitch, debe ser JPEG, PNG o GIF, a 1200x480 píxeles y que pese un máximo de 10MB.

El banner puedes crearlo con los mismos programas con los que has creado el logo, puesto que lo único que cambia es el formato, que es alargado. A continuación un par de ejemplos de banners personalizados:

Banners de Rubius, Bilaaco y MaitaneCS en junio de 2021 / TWITCH

Y aquí un banner hecho en 10 minutos a través de canva.com:

Ten en cuenta que el banner en dispositivos móviles se verá sin ser tapado por las visualizaciones anteriores, como puedes observar en los

ejemplos. También puedes colocar el título o los elementos visuales a los lados para que no se tapen.

Por otro lado, en la misma sección de configuración encontramos el Banner de reproductor de vídeo, que es diferente al banner del canal. Al banner de reproductor de vídeo se puede acceder cuando nuestros seguidores pulsan "Chat" en nuestro canal (cuarta opción en blanco):

Cuando pulsamos ahí, Twitch nos lleva a una sala parecida a cuando estamos online, pero como ahora no estamos, nos muestra la imagen que habremos seleccionado como banner, indicándonos además en la esquina superior derecha que nuestro *streamer* no está en directo:

Aunque no estemos en directo, nuestros seguidores y espectadores pueden charlar entre ellos y lo único que verán será lo que transmita el banner de reproductor de vídeo.

Biografía y redes sociales

La biografía, aunque no requiere de elementos visuales, es también una de las partes más importantes de tu canal, puesto que es lo primero que leerán tus espectadores de ti. Aquí no hay reglas: puede tratarse de una biografía lo más sencilla posible, como esta de **blackelespanolito**:

O puede tratarse de algo más elaborado. Aprovecha la oportunidad para explicar algo de ti que llame la atención de tus espectadores, como hace **NarvaSC**:

Tus redes sociales se verán, como puedes observar en estos ejemplos, a la derecha de la biografía. Muchos *streamers* crean un canal de Discord[26] y lo enlazan en esta sección. En este apartado puedes poner las redes que quieras. Lo recomendable es que pongas aquellas que uses más y desde donde avises a tus seguidores que estás en directo. En el capítulo de redes sociales hablaremos más sobre esto.

---

26. Si aún no lo sabes, esto te interesa: Discord es un servicio de mensajería instantánea por voz e imagen usado por millones de personas alrededor del mundo. Los streamers crean sus propios canales para que sus seguidores cuenten con un espacio en el que comunicarse y hacer peticiones, participar en concursos y demás. Es bastante recomendable que, como streamer, tengas uno.

La importancia de los *Overlays*

En inglés, *to overlay* significa superponer, cubrir. En el contexto de Twitch, un overlay es una imagen fija colocada encima del *streaming* para decorarlo. Hay muchos tipos de *overlays* y muchos usos para ellos, pero el más común es el que se sitúa encima de la cámara. A las alertas que aparecen en el *stream* como los que anuncian nuevos seguidores y donaciones también se les llama *overlays*, porque, en el fondo, son imágenes gráficas lanzadas encima del *streaming*. No forman parte de la escena que estamos viendo, no son algo físico, sino una imagen que se emite encima del *streaming*. Veamos un ejemplo:

Overlay de la cámara de Dayexp / Dayexp.TWITCH

Esta streamer, **Dayexp**, usa un diseño sencillo para enmarcar la cámara que se compone de dos rectángulos, uno negro que bordea la imagen y uno blanco más puntiagudo. Además, cuenta con dos paneles, uno inferior y otro superior. Como ves, es bastante sencillo y realiza su función: decorar el *stream*. Los *overlays*, además, ofrecen la oportunidad a los creadores de contenido de diferenciarse entre ellos. Los *overlays*, junto a las transiciones, emoticonos y emblemas, realizan un trabajo muy importante de creación de marca personal. Es la manera con la que los *streamers* se presentan al público. Además, con la integración de las transiciones idóneas, se consigue una imagen muy profesional, como si estuviéramos mirando un canal de televisión.

Los overlays se pueden usar para determinadas cosas: bordear la cámara, el chat cuando se usa una extensión para colocarlo también en pantalla, realizar transiciones entre escenas. Por ejemplo, cuando pasamos de la pantalla de "Bienvenida, empezamos enseguida" a la cámara completa o a la escena principal, emitir alertas en pantalla y mucho más.

Según la manera con la que los *overlays* se presentan en pantalla, los podemos clasificar en dos grandes grupos:

* *Overlays* estáticos. Se trata de imágenes que no se mueven, fijas. Por ejemplo, un marco de cámara, un banner y las escenas estáticas de bienvenida y despedida

Overlay de LauraEscanes que rodea su navegador mientras comparte vídeos / LauraEscanes.TWITCH

Overlay de FilmotecaMaldita para una charla / FilmotecaMaldita.TWITCH

• _Overlays_ animados: Los overlays animados son las transiciones de escena a escena, las imágenes que salen en pantalla cuando pasa algo importante en el _stream_ y tenemos una alerta configurada para ello y muchas cosas más. Como puedes suponer, al ser en movimiento... ¡no podemos mostrar ningún ejemplo aquí!

Obtener o diseñar overlays

Como pasa con los iconos, los _overlays_ se pueden diseñar, pero necesitas tener un mínimo de conocimientos de diseño gráfico. Lo que sí debes tener en cuenta, tanto si los diseñas como si los compras, es que sean transparentes y vectoriales. Es decir, que si haces un marco no tenga color dentro. Por otra parte, una imagen vectorial es aquella que no se compone de píxeles, sino a base de vectores, operaciones matemáticas. Eso hace que las imágenes puedan redimensionarse sin pérdida de calidad.

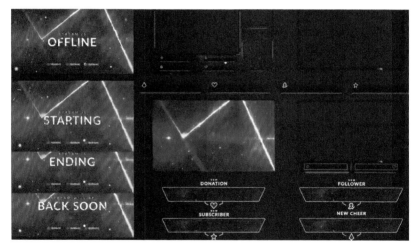

Ejemplo de paquete de _overlays_ vendido por BaiterDesign en etsy.com / ETSY

Conseguir _overlays_ gratis

En Internet existen muchas páginas que proporcionan overlays gratis, aunque es mejor gastarse una pequeña cantidad en ello, así conseguirás overlays de mejor calidad. Estas son algunas de las páginas donde los podemos conseguir gratis:

- **Streamelements** (https://streamelements.com/dashboard/themes)

De *Streamelements* hablaremos más adelante como una herramienta independiente capaz de ayudarte a gestionar tu *streaming* de la manera más completa posible. Proporciona *overlays* gratuitos que puedes incrustar en tu OBS (el programa que utilizaremos para hacer *streaming*) sin ninguna dificultad. De momento, son gratuitos. Más adelante, cuando hablemos de OBS, te explicaremos cómo incorporarlos a tu *stream*. Aquí tienes algunos ejemplos:

- **Streamlabs** (https://streamlabs.com/library)

Streamlabs OBS, competencia directa de OBS y creado a partir de este (ya que OBS es un programa de código abierto), permite descargar *overlays* gratuitos a partir de su página web, para usarlos en su programa. Aquí algunos ejemplos:

Otras páginas que ofrecen *overlays* gratuitos son **visualsbyimpulse. com** o **twitchoverlay.com**. En algunos diseños la página te da la oportunidad de escoger el precio que quieres pagar por ello. Se diseñan de manera altruista y la forma de pago es la conocida como taquilla invertida. El que compra el servicio (en este caso, un overlay) decide cuánto paga por él en base a lo que le parece justo.

❏ **Los overlays gratuitos no están nada mal, algunos diseños parecen realmente profesionales. Para empezar, son la opción más recomendada. Aprenderemos a manejarlos y colocarlos en su sitio más adelante, cuando nos adentremos en OBS.**

Si ya hemos hecho *stream* un par de veces y tenemos claras nuestras necesidades en lo que a *overlays* se refiere o queremos invertir un dinero en vestir un poco más nuestra transmisión, hay muchas páginas con *overlays* de pago con diseños muy potentes. Además, Internet está plagado de diseñadores gráficos e ilustradores que también se ofrecen a esbozar un *overlay* específicamente pensado para ti. Algunas páginas con *overlays* de pago recomendadas son **nerdordie.com, placeit.net, etsy.com** (donde puedes pagar a un diseñador con una menor o mayor cantidad dependiendo del paquete de *overlays* que compres o de la personalización), **upwork.com, own3d.tv, own3d.pro, wdflat.com**. Esta última te permite personalizar los *overlays* que quieras descargarte: cambiar el color, añadir un texto, o cambiar la fuente. Aquí un ejemplo:

Modificación de *overlay* de cámara en wdflat.com / WDFLAT

Las transiciones o escenas animadas también son *overlays*

Emitas el contenido que emitas, más de una vez vas a querer hacer una pausa entre un tema y otro, o entre una partida y otra, y seguramente te darás cuenta de que los cambios parecen muy bruscos, o que estaría bien contar con algún tipo de parón o pausa. Aquí es donde entran en juego las transiciones o escenas animadas, que no son más que un vídeo de corta duración que el *streamer* coloca entre una escena y otra. Has visto transiciones en la televisión, entre preguntas y respuestas en programas, entre noticia y noticia en el telediario y para presentar personas o emitir un vídeo, entre muchos otros usos. Las escenas animadas las puedes encontrar en las mismas páginas en las que te descargas los *overlays*, así como los iconos, emoticonos y cheermotes, emoticonos animados.

Emoticonos y emblemas personalizados

Cuando empieces a transmitir, la gente que te ve podrá usar una serie de emoticonos preestablecidos por la plataforma. Esta lista va cambiando y depende también del día del año o semana en la que te encuentres. Por ejemplo, para la semana del Orgullo LGTBI en 2021, Twitch puso a disposición de su audiencia estos emoticonos nuevos, entre otros:

Si estás suscrito a otro canal de Twitch también podrás usar los emoticonos que te proporcione la suscripción en tu chat. Recuerda que siendo *streamer* "raso" como tal, ni afiliado ni socio, no dispondrás de emoticonos personalizados para tu audiencia. Cuando pases a ser afiliado, tendrás hueco para nuevos emoticonos. Lo que hacen muchos *streamers* es diseñar emoticonos personalizados (comprar hechos o pagar a alguien para que los haga). Pasa lo mismo con los emblemas o insignias, que son los "títulos" que tú quieras otorgar a tus suscriptores, a través de una imagen. Aquí un ejemplo de insignias que puedes comprar en own3d.tv. Son de pago, de ahí la marca de agua:

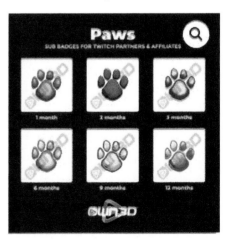

Los emoticonos y emblemas personalizados los puedes encontrar en las mismas páginas en las que comprarás o te descargarás el resto de *overlays*. Cuando seas afiliado, la opción para configurar todo esto te aparecerá en Configuración>Afiliado>Emblemas de fidelidad. Ahí tendrás varias opciones para personalizar los emblemas de tus suscriptores. Ten en cuenta que tanto los emblemas como los emoticonos tienen una determinada medida un formato (PNG) que deberás respetar para que Twitch los acepte, además de no ser ofensivos. En definitiva, que cumplan las normas de la comunidad.

Al verse muy pequeñitos en pantalla, tanto los emoticonos como los emblemas los puedes diseñar tú sin problemas, aún sin conocimientos de diseño gráfico e ilustración. **GIMP** es un programa gratuito muy intuitivo y muy bueno que te podrá ayudar a hacerlo. Encontrarás miles de tutoriales online para aprender a manejarlo. GIMP te permite delimitar el espacio de trabajo a la medida que necesites (como otros programas de edición, para diseñar justamente en la medida que te pide Twitch) y borrar el fondo. Además, proporciona herramientas como el recorte selectivo, que te permite dar cierta forma a los emoticonos para que no sean totalmente cuadrados. Por el momento, los emoticonos tienen que pesar menos de 1MB y medir entre 112x112 y 4096x4096 píxeles. Como avisa Twitch en su página de ayuda, el archivo que subas "se convertirá automáticamente al resto de tamaños requeridos".[27] Recuerda que puedes variar los emoticonos para cada nivel de suscripción.

Cómo hacer un emoticono

Cuando inicies un proyecto en GIMP, en Archivo>Nuevo te saldrá esta ventana, en la que podrás seleccionar el tamaño del lienzo con el que trabajarás. Asegúrate de hacer el lienzo cuadrado. Es decir, que los píxeles de anchura sean los mismos que de altura:

---

27. https://help.twitch.tv/s/article/subscriber-emote-guide?language=es

Para este ejemplo hemos seleccionado una foto cualquiera sin derechos de Internet. En tu caso, lo más lógi-
co sería que usaras tu cara o algún tipo de
ilustración que puedes hacer a mano y
después escanear y pasar a formato digital al ordenador. Cuando tengas el lienzo
cuadrado, pega la imagen y selecciona la
herramienta de rutas:

Con esta herramienta puedes recortar la imagen que acabas de pegar
para quitarle el fondo. Cuando hayas unido todos los puntos, verás que
te queda algo así:

Llegados a este punto, lo único que
debes hacer es seleccionar este recorte,
copiarlo, y después pegarlo como capa
nueva. Piensa que GIMP funciona como
photoshop y el resto de editores de diseño: por capas. Una capa (en un programa de diseño) es una imagen que se
superpone a otra capa. Si está colocada
por encima, las de atrás no se verán.
Cuando tengas seleccionada la imagen
como se muestra en la foto, deberás ir a
Editar>Copiar y después Editar>Pegar

como>Capa nueva. Si miras en la parte derecha del programa, donde
tienes la lista de capas, debería haber tres:

Si te fijas, el fondo de la "Capa pegada #1" es de cuadros negros y
grises. Eso quiere decir que no tiene fondo. Si clicas en el ojo de la capa

titulada "Fondo", dejarás de verla. Es decir, te quedarás solo con la Capa y la selección. Así, le habrás eliminado el fondo:

Ya estás listo para guardarla en formato PNG y para reducir su tamaño en caso de que te haya quedado más grande de lo que Twitch te pide para los emoticonos.

Pantallas de espera, pausa y finalización

Última parada: las pantallas de espera, pausa y finalización. Estas pantallas también son consideradas *overlays*, ya que no forman parte del *stream* en sí, sino que tienes que incorporarlas encima.

- Pantalla de espera: Se trata de la imagen o vídeo que se ve mientras la audiencia espera a que empiece el *stream*. Lo más común es empezar el *streaming* y dejar que tu audiencia se vaya conectando poco a poco, en vez de empezar de sopetón. Para que veas un ejemplo, esta es la pantalla de espera de **IamCristinini**:

- Escena de pausa: Imagen que el *streamer* coloca momentáneamente en su transmisión en una pausa, por cualquier motivo, para prevenir a los espectadores y evitar que se vayan. Aquí la de **Lynx_Reviewer**:

- Pantalla de fin de *stream:* Cuando acaban la transmisión, muchos *streamers* evitan irse de golpe para dejar que los espectadores presentes en el chat comenten la sesión. La mayoría dejan música en marcha. A modo de ejemplo, aquí tienes la escena de **elisawavess**:

Ninguna de estas escenas o pantallas es obligatoria, como el resto de *overlays*. Simplemente hacen más visual tu transmisión, y la dotan de más profesionalidad. Se pueden comprar hechas, en las mismas páginas donde se compran el resto de *overlays*, pero más adelante veremos que son fáciles de montar. Sin embargo, si nos queremos quitar dolores de cabeza, sí, lo más idóneo es comprarlas. En el siguiente capítulo entenderemos dónde se colocan todos estos *overlays* y de qué manera podemos enviarlos o mostrarlos en nuestra transmisión. Hora de meternos de lleno en la clase práctica de OBS.

6

SOFTWARE PARA TRANSMITIR EN VIVO: OBS STUDIO Y STREAMLABS OBS
Dominas el programa, dominas tu *stream*

OBS Studio y StreamLabs OBS son los programas más usados y fiables para transmitir tanto en Twitch como en Facebook y Youtube. Además, de uso gratis. Son programas con distintas pero parecidas funcionalidades que nos permitirán hacer llegar nuestra señal a las plataformas de *streaming* controlando todo lo que se ve y lo que se oye en todo momento. No vamos a hacer *stream* directamente desde Twitch, lo que haremos es "montar" nuestro *stream* con estos programas y posteriormente enviarle toda la información a la plataforma. Estos programas funcionan ambos de manera muy sencilla e intuitiva. Es fácil ver dónde están los comandos para conseguir lo que queremos. De todas formas, es normal si al principio te imponen un poco, más si nunca has tocado ningún programa parecido. No te preocupes, iremos paso a paso.

Si entras en el Panel de control del creador>Herramientas de transmisión, encontrarás las recomendaciones de Twitch en lo que a *software* para transmitir se refiere. Twitch te recomienda Twitch Studio (aún en proceso de desarrollo y mejora), **Open Broadcaster Software (OBS)**, **Streamlabs OBS**, Lightstream Studio, Melon, OBS.live, xSplit Broadcaster y Gamecaster, además de tres aplicaciones para transmitir desde el móvil: Twitch App, Omlet Arcade y Streamlabs App. Más abajo, ofrece una lista de herramientas de emisión, que son programas y plataformas que te ayudan a configurar alertas y otras funcionalidades para tu stream. Les echaremos un vistazo más adelante.

De todos los programas para hacer *streaming* que nos ofrece Twitch nos fijaremos en dos: **Open Broadcaster Software** (en adelante, OBS) y **Streamlabs OBS**. Estos dos programas son los más usados para hacer *streaming* por una sencilla razón, y es que fueron los pioneros en este tipo de servicios. Además, son muy completos e intuitivos y la mayoría de *streamers* los usa. Esto hace que Internet se haya llenado de tutoriales y páginas web que explican cómo usarlos, hecho que propicia que más gente se los descargue.

¿Qué diferencias hay entre OBS y Streamlabs y por qué se llaman (casi) igual?

OBS fue uno de los primeros programas de *streaming* que se crearon. Además, es un programa de software libre. ¿Qué significa eso? Que unos desarrolladores lo crearon y dejaron el código abierto para que otros desarrolladores lo pudieran mejorar o crear otros programas a partir de este. Y de ahí es precisamente de donde nace Streamlabs, el programa estrella para *streaming* de Logitech. Ambos son gratuitos y su manera de funcionar es prácticamente idéntica, si bien presentan algunas diferencias estéticas. Se puede decir que Streamlabs es más completo ya que ofrece algunas funcionalidades que no se encuentran en OBS. La desventaja es que esto hace que Streamlabs consuma más que OBS. Si te decides a usar Streamlabs, deberás comprobar si tu ordenador se puede permitir dedicarle los recursos que necesita. Al ser más completo, Streamlabs es también un poco más difícil de usar que OBS.

De cada programa podríamos escribir un libro entero. Es verdad que son sencillos, pero las integraciones que tienen (*widgets*,[28] alertas, y todo el conjunto de opciones de personalización que ofrecen) darían para escribir largas páginas, además de un completo estudio de para qué *streamer* es mejor cada programa. Sin embargo, como esto no es una enciclopedia y queremos aprender a usarlo con relativa rapidez, nos centraremos en entender cómo funcionan ambos programas usando de base OBS, puesto que es el más sencillo y el que menos recursos consume. Más adelante, si crees que OBS se te queda corto podrás usar Streamlabs sin problemas, puesto que las interfaces son prácticamente idénticas.

Este va a ser un capítulo práctico, así que te recomendamos que te descargues OBS y lo vayas configurando a medida que avanzas en el capítulo. ¡Vamos allá!

Primer vistazo a OBS

Para descargar OBS tenemos que entrar en https://obsproject.com/es/ download y seleccionar la versión compatible con nuestro sistema operativo. Está disponible tanto para Windows[29] como para Mac y Linux. Cuando lo iniciemos, deberíamos ver esto:

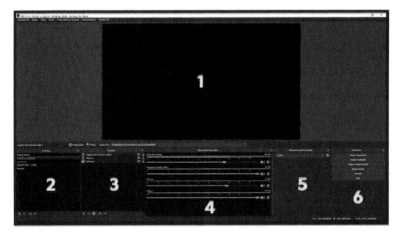

28. Los widget son herramientas simples que nos ayudan a personalizar el *streaming*. Por ejemplo, una lista de eventos en pantalla que informa sobre el último seguidor o el último suscriptor.

29. Cuidado, OBS solo está disponible para Windows 8 y posteriores. Si tienes Windows 7 o XP deberás usar Streamlabs (¡aunque igual ya toca actualizar!).

El programa se divide en 6 zonas:

1. **Pantalla principal**. En esta pantalla, que por ahora vemos negra, OBS nos mostrará la imagen que vamos a grabar y enviar a Twitch. Es la escena principal, donde podremos colocar y redimensionar los elementos de nuestra transmisión para verlos exactamente como los verán los espectadores.

2. Las **escenas**. Si entiendes esta parte, entiendes cómo funcionan todos los programas de *streaming*. Las escenas son las distintas pantallas que se ven durante un *streaming*. Es decir, las secuencias que el *streamer* muestra en la transmisión. Por ejemplo, un *streamer* que está empezando y que juega a videojuegos tiene tres escenas creadas, tituladas "Bienvenida", "Cámara Pantalla Completa" y "Juego + Cámara". Ya empiezas a ver por dónde van los tiros, ¿verdad? Las escenas se configuran con antelación para que cada una muestre lo que el *streamer* quiere, y en la pantalla principal veremos la que esté seleccionada en ese momento.

3. Las **fuentes** son los elementos que componen una escena, y hay de muchos tipos: entradas de audio, dispositivo de captura de imagen (cámara), videojuegos, vídeos, fotos estáticas, fuente multimedia, etc. Después veremos un ejemplo.

4. El **mezclador de audio** recoge todas las fuentes de audio que están en funcionamiento, y van ligadas a la escena seleccionada en ese momento. Es decir, nos dice qué se está escuchando y qué no en el *streaming*.

5. Las **transiciones de escena** nos permiten personalizar cómo se pasará de una escena a otra, modificando la transición entre ellas: la forma, la duración.

6. Los **controles** contienen la parte más importante del programa, la **configuración**. En este panel nos detendremos más adelante.

Streamlabs cuenta con los mismos espacios: pantalla principal, escenas y fuentes en la parte inferior, sonido a la derecha y configuración a la izquierda, en una fila.

Crea tu primera escena

Volvamos a OBS. Vamos a crear nuestra primera escena, que titularemos "Escritorio". Será una escena que, como su título indica, mostrará nuestro escritorio y nuestra cara. Es la que usan los *streamers* para ver vídeos de Internet con sus seguidores. Muy sencillo. Para que se entienda, aquí un ejemplo de lo que queremos conseguir:

Ibai compartiendo su pantalla con los espectadores
y viendo un vídeo de Luisito Comunica / Ibai. YOUTUBE

Si sigues a Ibai o has visto su contenido alguna vez, es probable que ya te hayas cruzado con esta escena, pero ahora vas a saber qué se esconde detrás de ella. Parece muy sencilla, pero posiblemente contiene unas diez fuentes: el escritorio, un *widget* que le permite mostrar el chat en pantalla, su cámara, un *widget* de un temporizador (arriba a la izquierda), y una fuente por cada *overlay* (recuadro lila-negro de la cámara), recuadro del navegador, el icono de la cara de Ibai en neón debajo del chat y el instagram en el centro de la pantalla, además de las alertas programadas que avisan de nuevos seguidores y suscriptores. Vamos a crear una versión sencilla de esta escena para entender cómo funciona OBS. Nos dirigimos a la sección Escenas y crearemos una pulsando el botón **+**:

La titularemos Escritorio:

Y ya nos aparecerá en la lista de Escenas:

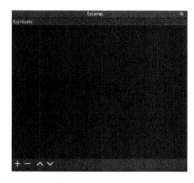

Ahora, con la escena Escritorio seleccionada, nos dirigiremos al apartado de **Fuentes** y vamos a añadir, primero de todo, el escritorio. Para ello, nos dirigiremos al símbolo + dentro de Fuentes y seleccionaremos "Captura de pantalla", como ves en la imagen de la izquierda. A continuación, nos pedirá que la renombremos (vamos a llamarla, por ejemplo, "Pantalla escritorio" y le damos a Aceptar (imagen de la derecha):

¿Qué ha pasado? Que dentro de la escena Escritorio le hemos dicho al programa que tiene que coger una captura de pantalla de lo que se ve en ese momento. Lo que deberías ver ahora en la pantalla principal es tu escritorio, en bucle. Porque se emite, y se graba, se emite, se graba, y así sucesivamente. ¿Lo pillas?

A continuación, el programa nos dará la opción de personalizar las propiedades de la fuente "Pantalla escritorio". Si tenemos más de una pantalla, podremos seleccionar cuál de ellas queremos compartir. Deberías estar viendo algo así:

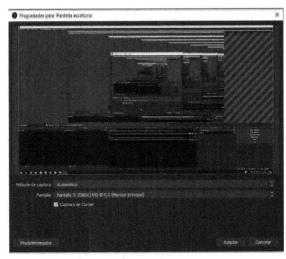

Si lo hemos hecho todo bien, el programa debería verse así:

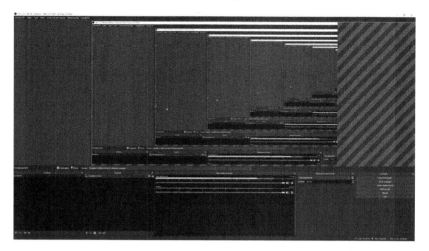

En la lista de Escenas ves la que acabamos de crear, "Escritorio", y dentro de ella, una fuente, una captura de lo que está sucediendo en pantalla. Si tienes dos pantallas y seleccionas que OBS capture la pantalla donde el programa no se muestra, verás la imagen que se esté proyectando en el monitor que has seleccionado.

Encima del escritorio vamos a colocar nuestra webcam o la cámara que usaremos para hacer *streaming*, para que nuestros espectadores vean nuestras reacciones. Sin salir de la escena "Escritorio", añadiremos otra fuente. Esta vez, seleccionaremos "Dispositivo de captura de vídeo", como se muestra aquí:

La nombraremos "Webcam", "Cámara central" o "Cámara lateral" si tienes más de una, y modificaremos los parámetros que deseemos en Propiedades, la pantalla que nos saldrá a continuación. Fíjate en la parte superior: la hemos llamado "Webcam":

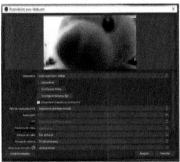

En este menú podremos escoger la resolución de la cámara, el espacio de color, rango de colores, y si queremos que además capture la salida de audio. Si tenemos un micrófono, deberemos seleccionar "Captura de audio solamente". Si aceptamos, nos saldrá nuestra cámara en pantalla completa. ¿Qué ha pasado con el escritorio? Tranquilo, no se ha ido a ningún lado, sigue ahí, pero detrás de la cámara. ¿Recuerdas cómo GIMP funcionaba a base de capas, y que cuando una está encima, la de detrás no se ve? Aquí pasa lo mismo. Para redimensionar la cámara y colocarla a un lado como en la imagen de Ibai, necesitamos hacerla más pequeña. Para ello, en la pantalla principal, fíjate que cuando seleccionas una fuente te salen en las esquinas unos puntos rojos que delimitan la fuente en sí:

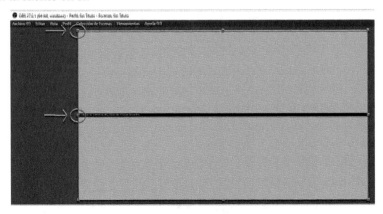

Estos puntos son de los que tienes que "tirar" para redimensionar la imagen. Si estiras de los puntos de las esquinas, la imagen se redimensionará de manera proporcional. Si estiras de los puntos laterales o superiores, alargarás o achatarás la imagen. Si redimensionas la cámara a la esquina inferior izquierda verás el escritorio mostrarse detrás de ti. Debería quedarte algo así:

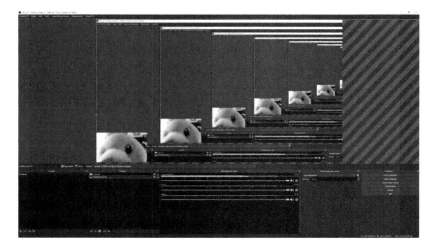

Ya has descubierto cómo funciona OBS, Streamlabs, y también el resto de programas de emisión en *streaming*. En cada escena podrás configurar las fuentes que necesites y colocarlas donde más desees. En este momento, tenemos el escritorio de fondo y nuestra cámara en un lado, en la esquina inferior izquierda. Ya tenemos los elementos visuales. Ahora falta el sonido.

OBS te muestra en el mezclador de audio lo que se escucha en tu escena "Escritorio". Verás que en la sección **Mezclador de audio** tienes dos fuentes de audio (que pasan por el *streaming*): Audio del escritorio y Mic/Aux. Es posible que tengas una tercera que es la webcam, o que Mic/Aux no te salga. Con lo que debes quedarte es con el audio del escritorio y con una entrada de audio que se debe corresponder al micrófono que quieras usar para hablar. Para ello deberás añadir una fuente, seleccionar una Captura de entrada de audio y escoger el micrófono que queramos.

❏ OBS, Streamlabs y la mayoría de programas de emisión de señal en streaming utilizan una metodología similar: la de las capas. Así como pasa con Photoshop, Premiere y un gran número de programas de edición de vídeo y fotografía. La capa que va más arriba es la que se verá

Tipos de fuentes

Las escenas son los escenarios que tú escoges mostrar en el *streaming*. Las fuentes, los elementos que las componen. Eso ya lo tienes claro. ¿Pero sabes de cuántas fuentes dispones? ¿Qué puedes añadirles a tus escenas? Cuanto mejor conozcas las posibilidades de OBS, mejor y más trabajado será tu *stream*. Estas son las distintas fuentes que puedes incorporar en tu transmisión:

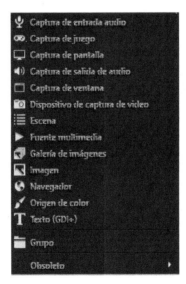

Captura de juego
Si eres *gamer* y vas a jugar a un juego mientras transmites esta es la fuente que necesitarás incorporar para que OBS capture tu partida.

Captura de pantalla
Comparte la pantalla seleccionada y el audio que se genera desde ella sin necesidad de incorporar otra entrada de audio. Puedes escoger mostrar el ratón o no.

Captura de ventana

Si estás haciendo otras cosas en el escritorio que prefieres no compartir con tus espectadores, esta fuente es ideal, porque captura una ventana en concreto, no todo lo que pasa en el escritorio.

Dispositivo de captura de vídeo

Fuente para enviar a OBS lo que salga de un dispositivo que recoja vídeo: la cámara o cámaras. Cuando configures esta fuente podrás seleccionar si también recoge el audio o no.

Escenas

Esta fuente te exporta una escena ya configurada con anterioridad. Así, si quieres montar una escena igual que otra pero añadiendo otras fuentes, puedes exportarla directamente sin tener que hacerla de nuevo.

Fuente multimedia

Las escenas animadas para empezar el *stream* se colocan en OBS mediante esta fuente, ya que puedes subir un vídeo corto y hacer que se reproduzca en bucle.

Galería de imágenes

Como lo lees, una fuente para incluir una galería de imágenes que vaya pasando. Puedes personalizar el tiempo que tardan las fotos en pasar.

Navegador

Esta fuente reproduce o ejecuta lo que le manda el link que le proporciones. Esta fuente, navegador, se usa para incluir las alertas, de las que hablaremos después. Streamlabs y otros programas proporcionan widgets que activan comandos cuando los incluyes como fuente.

Imagen

No pienses en fotografías, piensa en iconos. Esta fuente se usa para incluir iconos como los de las redes sociales junto a tu nombre. Piensa que las imágenes que incluyas puedes rescatarlas después.

Origen de color

Puedes incluir formas rectangulares y cuadradas a modo de fondos de color con esta fuente, que se usa para destacar ciertos mensajes. Con los filtros, de los que hablaremos más tarde, podemos también tocar la opacidad de los elementos de este fuente.

Texto
En pantallas de espera o finalización del *stream*, esta fuente se puede usar para incluir tu nombre en redes sociales.

Grupo
Esta no es una fuente en sí. Si clicas, verás que crea una carpeta. Se usa para organizar las fuentes como más prefieras.

Ahora que hemos aprendido a añadir una escena y entendemos un poco más cómo funciona OBS, solo nos queda toquetear un poco más el programa e incorporar el resto de escenas que necesitemos. Ya contamos con una escena de Escritorio. Vamos a crear algunas más que puedan adaptarse a las necesidades de los diferentes tipos de *streamers* y a incorporar los overlays que ya tenemos.

Escenas más comunes

Las escenas más comunes en el mundo del *streaming*, y especialmente en Twitch, son las siguientes:

- Escena de Bienvenida
  - Cuenta con un vídeo corto en bucle y letras que anuncian que empezamos pronto, además de una cuenta atrás, el chat en pantalla, y a veces, música de fondo

- Escena de juego
  - Se compone del juego a pantalla completa y la cámara del *streamer* en una esquina para no tapar la acción

- Escena de pausa
  - Se utiliza cuando se quiere parar el *streaming* un momento pero sin cerrar la transmisión. Por ello se pone un vídeo en bucle o una imagen fija en pantalla sin la cámara del *streamer*, con el chat en pantalla y con música. Es casi idéntica a la escena de bienvenida pero con otra imagen y con una frase que indica que volveremos enseguida

- Escena de cámara completa
  - El *streamer* se ve en pantalla completa, más el chat, la mayoría de las veces. Se usa para las transmisiones de la categoría Charlando

- Escena principal (de cocina/música/deporte)
  - Son escenas que se componen de una cámara principal en pantalla y diversas cámaras más pero en un formato más pequeño, para darle protagonismo a la más grande. La usan cocineros (que en la cámara pequeña muestran la olla, por ejemplo), cantantes (en las cámaras secundarias se ven los pies del batería o un primer plano de las cuerdas de la guitarra) y los *streamers* que hacen deporte (para que los espectadores puedan observar desde diferentes ángulos la correcta postura para hacer el ejercicio)

- Escena de Escritorio
  - Escena que solo incluye la captura de pantalla del escritorio y la cámara del *streamer,* para poder ver vídeos y comentarlos con los espectadores

- Escena de finalización del *streaming*
  - Imagen estática o en bucle con música, casi idéntica o del mismo estilo que la de bienvenida o pausa, pero con otra imagen y con un texto que normalmente reza "hasta pronto" o similares

La personalización de las escenas con las diferentes fuentes que puedes incluir en ellas es inimaginable. Puedes redimensionar todo lo que incluyas en las imágenes, puedes componer escenas con vídeos, fotos, música, pequeños vídeos en bucle, emoticonos a un lado, múltiples cámaras, miles de *widgets* y todo esto sin hablar de las transiciones y los filtros que puedes aplicar a cada escena y cada fuente. El único límite es tu imaginación.

Una idea visual. Ojo a la escena de tres cámaras que se ha montado la *streamer, partner* de Twitch y DJ alemana **Anastasia_Rose_Oficial**.

Tres cámaras, una frontal y dos secundarias, un *overlay* que bordea las cámaras y *widgets* que controla las últimas donaciones, seguidores y cheers:

Incluyamos los *overlays*

Vale, bien, ya sé cómo funcionan las escenas y todo lo que puedo incluir con las fuentes, pero yo quiero ponerle un borde a la cámara, ¿cómo lo hago? Para empezar, necesitamos el borde. Lo hemos comprado, diseñado, o nos lo hemos descargado gratis de alguna página web. Lo tenemos en algún formato compatible, como PNG o JPEG (siempre mejor PNG). Vamos a OBS y nos dirigimos a la escena Escritorio que hemos creado antes. La hemos dejado con dos fuentes, la cámara y la captura de pantalla del escritorio. Vamos a incluir el marco de la cámara añadiendo una fuente "Imagen":

Crearemos una nueva fuente de imagen que nombraremos "Marco cámara":

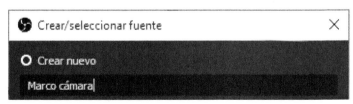

Seleccionamos la imagen y nos aparecerá en pantalla de esta manera:

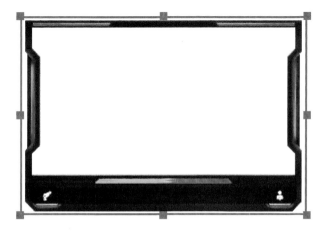

Ya puedes redimensionarla tirando de los puntos gruesos y colocarla justo donde está tu cámara. Recuerda que este *overlay* es transparente. Es decir, no tiene fondo. Por eso, cuando lo coloques encima de tu cámara, en vez de ver la pantalla en blanco, verás tu cara enmarcada dentro de este recuadro. Y ya está, así de fácil.

Para otros overlays los pasos son los mismos. Si son imágenes estáticas deberás incluirlos como fuentes <u>Imagen</u>. Si son animadas o se trata de un vídeo que queremos poner en bucle, deberemos usar la fuente <u>Recurso multimedia</u>. También hay otra manera de incluir los overlays, y es a través de un link del navegador. Esto ya es un poco más complicado, así que vamos a explicarlo.

Overlays a través del navegador: bienvenido a **Streamelements**

En OBS podemos incluir pantallas preestablecidas de espera, pausa y finalización, además de contadores hacia atrás y otras imágenes, tanto estáticas como en movimiento, a través de la fuente <u>Navegador</u>. Esta fuente conecta con una página web (en este caso usaremos la web de **Streamelements**) e importa el contenido a través de Internet. Lo más común es incluir *overlays* creados en este portal e importarlos a OBS mediante esta técnica. Para ello nos dirigiremos a streamelements. com>Streaming Tools, no sin antes conectar nuestra cuenta de Twitch con la plataforma:

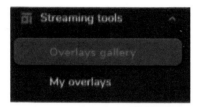

Nos redirigirá a una librería de *overlays*, que se ve tal que así:

En esta librería podemos buscar *overlays*, tanto gratuitos como de pago. Nos quedamos en Themes:

Buscamos uno que nos guste y pulsamos "*Create*", y después a "*Create my overlay*":

¡Ojo! ¿Ves la lista de links que nos salen a continuación? Prueba a pegar uno de estos enlaces en una fuente tipo Navegador en OBS, a ver qué pasa. Esta lista de link se corresponde a las escenas de OBS que este tema incluye. En este caso, en el tema Pixelart, podemos observar que hay cinco *overlays*: *Game Scene* (escena de juego), *Animated Talk Scene* (escena animada para hablar), *Animated Start Scene* (escena animada de bienvenida), *Animated Brb Scene* (escena animada de vuelvo enseguida) y *Animated End Scene* (escena animada de despedida). Clica en *Go To My Overlays*:

Y te redirigirá a *My Overlays* dentro de *Streaming Tools*, donde hemos estado antes:

Aquí puedes editar las escenas a tu gusto clicando "*Edit*" en cada una de ellas. Nosotros vamos a editar en un segundo la plantilla "*Animated Start Scene*", la de bienvenida. Después de un par de retoques, nos ha quedado así:

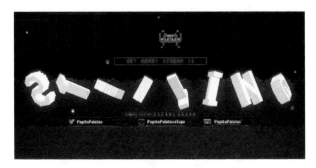

La configuración del audio

No des por sentado el audio en OBS. Más de un *streamer* se pensaba que no lo estaban escuchando y se ha liado a discutir con alguien con el micrófono abierto, o se ha pasado media transmisión hablando solo porque sus espectadores no eran capaces de oírlo por culpa de la música, que se la había dejado encendida. OBS tiene estos marcadores visuales de sonido para que puedas ver, de manera directa, qué es lo que se oye y desde qué fuente se emite. Se encuentran en el **Mezclador de audio** del que ya hemos hablado antes, y cuidado, OBS te lo muestra pero no te lo hace escuchar. Así como puedes previsualizar la imagen en la pantalla principal, no pasa lo mismo con el audio:

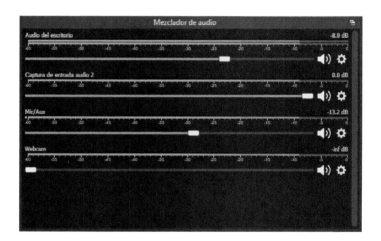

Cuando agregas una fuente a una escena y esa fuente cuenta con audio, el sonido se suma automáticamente a la lista visual de Mezclador de audio. Ten cuidado, eso significa que si hacer *stream* con multicámara y quieres hablar por el micrófono profesional que te has comprado, deberás desactivar el sonido que capturan (con su micrófono deficiente) las cámaras que tengas añadidas como fuente de vídeo. Cuando pulsas el icono del altavoz silencias una fuente:

Si eres un friki del sonido y te gustaría controlarlo más minuciosamente puedes recurrir a una controladora de audio o tarjeta de sonido desde la que podrías nivelar los volúmenes de manera dedicada y con un aparato externo al ordenador, como este de PcPanel, que cuesta 80 €/95 $:

Los filtros

Si clicamos con el botón derecho encima de cualquier fuente, OBS nos abrirá los "Filtros":

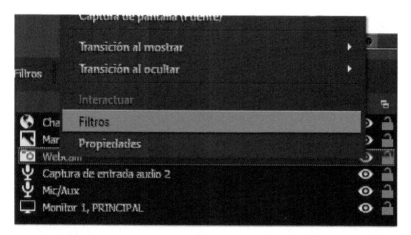

Los filtros tienen miles de aplicaciones, algunas más divertidas que otras: corrección de color, transparencia u opacidad, movimiento, filtro de enfoque (para webcams que se ven un poco difuminadas o desenfocadas), cambio de LUT (preconfiguraciones de color del vídeo) y mucho más. Por ejemplo, puedes poner una fuente de texto encima del *overlay* de tu cámara y añadirle un filtro de movimiento para que se desplace de derecha a izquierda en bucle. Puedes avisar de sorteos en marcha, poner alguna frase graciosa o recordar tus redes sociales a los espectadores:

Los *widgets* y la configuración de alertas, con Streamlabs

Los *widgets* son sencillas herramientas que te ayudarán a personalizar tu *streaming* para que sea más atractivo y dinámico. Los *widget* de alertas son los más usados: aquellos que emiten una imagen y un sonido en directo, mientras haces *streaming*, para anunciar una nueva donación, un nuevo seguidor o un nuevo suscriptor. El *streamer* se da cuenta de esta acción gracias a la alerta configurada y así puede dar las gracias a su audiencia.

Aquí es donde entrará en juego el panel de control de **Streamlabs**. OBS de momento no cuenta con alertas nativas, así que establece una conexión con otra plataforma y las importa mediante la fuente "Navegador", a través de un link. Para configurar alertas en nuestro *streaming* deberemos iniciar sesión en el *Dashboard* o panel de control de ***streamlabs. com***, conectar nuestra cuenta de Twitch y dirigirnos al panel *Alert Box*:

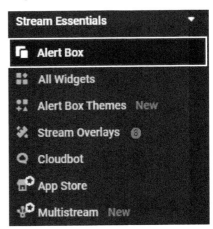

Estas son las alertas que puedes configurar mediante **Streamlabs**:

Para configurar lo que pasará cuando alguien te comience a seguir, haremos clic en "Seguidos". A continuación nos aparecerán las siguientes opciones de personalización:[30]

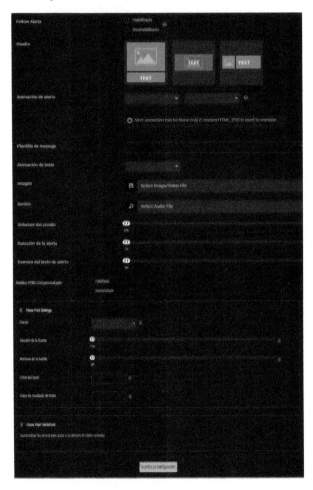

30. Te recomiendo que esta configuración la lleves a cabo conmigo con el panel de control de Streamlabs abierto en el ordenador. Así entenderás mejor lo que estamos haciendo.

Las opciones son muy fáciles de entender. Empezaremos por la alerta que nos avisará de nuevos seguidores. Para ello nos aseguraremos de que la pestaña "Seguidos" o "Follows" esté seleccionada (en la línea horizontal de alertas) y marcaremos la casilla de "Habilitado" en "Follow Alerts". En "Diseño" podrás escoger qué tipo de alerta prefieres que salga, y te da tres opciones, que te muestra cómo se pintaría en pantalla la imagen y el texto:

Las siguientes opciones son las que deberás configurar a tu gusto:

Con todos estos parámetros debidamente configurados debemos guardar la configuración con el botón del final de la página:

Y ya podremos dirigirnos arriba del todo, donde tenemos que copiar este enlace (tendrás que clicar encima de "Click to Show Widget URL":

Con este enlace copiado, tan solo tienes que dirigirte a OBS y crear una nueva fuente tipo "Navegador". Cuando la tengas creada, cierra OBS y vuelve a abrirlo, para asegurarte de que se ha guardado. Fíjate también que esta fuente esté por encima de las demás, porque si no, no la verás:

Ahora dirígete otra vez al panel de control de streamlabs, y sin salir de OBS, enciende los auriculares o altavoces, pulsa este botón ("*Test Follow*" en streamlabs) y mira en OBS lo que pasa:

Deberías escuchar el sonido y ver la imagen que acabas de configurar como alerta. El nuestro ha quedado así (el texto es de color lila porque lo hemos personalizado así en el campo "*Text Highlight Color*" o Color de resaltado de texto:

Solo te queda hacer lo mismo con el resto de alertas. Ya que puedes subir cualquier imagen y sonido, procura personalizarlos un poco cuando lleves unos cuantos meses haciendo *streaming*. Lo mejor es que las alertas estén totalmente personalizadas a la temática del canal o que sean lo más originales posibles. Todo cuenta en un sector con tanta competencia.

Cómo poner el chat en pantalla

Otro *widget* muy usado por los *streamers* es el chat en pantalla. ¿Por qué hacen eso si ya lo podemos ver? Porque se ha observado que muchos espectadores se ponen el *streaming* en pantalla completa. De esta manera, se pierde el chat si no está integrado en la pantalla. Vamos a aprender a configurarlo en unos sencillos pasos.

Incluir el chat en pantalla se puede hacer tanto desde **streamelements** (la plataforma que hemos usado antes para descargarnos un *overlay* gratuito) como desde streamlabs. En este caso lo haremos desde **streamlabs** para tener todos los *widgets* configurados desde una misma plataforma y no marearnos después buscando dónde lo hicimos. En "*All Widgets*" se te abrirá este panel:

Damos clic en "*Chat box*" y se nos abrirá una página de configuración idéntica a la de las alertas, donde podremos escoger el tema, el color del texto, los segundos que tardará el mensaje en desaparecer o si quieres que se mantenga, opciones para silenciar algunos usuarios y que no salga en pantalla y mucho más. El procedimiento es el mismo, guardas la configuración con el botón verde del final de la página, copias el enlace y lo pegas en OBS:

¿Puedo comprobar que funciona? Claro, ve a tu canal de Twitch, entra en Chat, escribe algo y mira OBS. Coloca la fuente donde más te guste y espera a que salgan los mensajes:

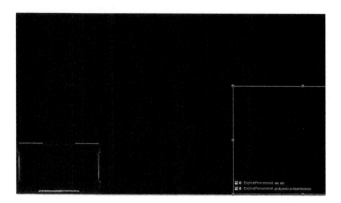

Este y mil *widgets* más esperan para que los incluiyas en tu *stream*. Las opciones de configuración en streamlabs y streamelements, junto con OBS, son infinitas. Investiga en los *widgets* de streamlabs y añade los que más te apetezca. El procedimiento es siempre el mismo.

Transiciones

OBS te ofrece la posibilidad de personalizar el cambio entre escena y escena. Las opciones se encuentra en el panel "Transiciones de escena" (si no te aparece en pantalla, ve a Vista>Paneles>Transiciones de escena):

Si clicas en las flechas verás la lista de transiciones disponibles que ofrece OBS. Prueba con "Luma Wipe", dale a la ruedecita y dale a "Propiedades". Se te abrirá este cuadro de diálogo con decenas de transiciones:

Esta sería la manera más fácil de configurar una transición entre escenas. Fíjate que OBS te da la opción de escoger el suavizado de la transición y una vista previa de la transición en cuestión. Como puedes ver, hay muchísimas entre las que escoger, pero seguramente te estarás preguntando cómo incluir una un poco más profesional, como hacen los *streamers* más conocidos. En el panel de las transiciones, selecciona "Stinger". Se te abrirá este cuadro, con el que podrás adjuntar un vídeo personalizado (descargado gratuitamente de Internet, comprado o diseñado por ti) :

Configuración general de OBS para *streaming*

Inciso: recomendación inicial

OBS cuenta con una herramienta que analiza el ordenador y se "auto-configura" en base a las características y potencia de nuestro equipo. Esta herramienta se llama Asistente de configuración automática y se encuentra en el panel superior Herramientas:

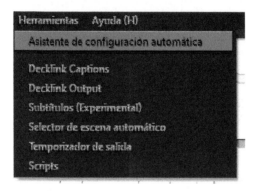

En el siguiente cuadro, la mejor opción es la de "Optimizar para transmisiones, la grabación es secundaria". Verás que te pide que selecciones la pantalla principal que vas a usar y los FPS. En este punto OBS te avisa de que la resolución de la pantalla no tiene por qué ser la misma que la de la transmisión, porque ello depende de los recursos que tu ordenador pueda dedicar a ello. Lo mismo de siempre: una cosa es cómo queremos que salga nuestro *stream* y otra muy diferente es el esfuerzo que puede hacer nuestro querido ordenador.

Ajustes generales

Llegamos a la sexta sección del programa OBS, la configuración. Recordemos que se muestra en el panel de la derecha llamado "Controles", en la palabra "Ajustes". Si no, también lo encontrarás en Archivo>Configuración. Aquí es donde encontraremos todas las opciones de configuración de nuestro *streaming*, divididas en siete secciones: General, Emisión, Salida, Audio, Vídeo, Atajos y Avanzado:[31]

---

31. Misma recomendación que hace unas páginas: asegúrate de leer este capítulo con tu OBS abierto y consultando las opciones mientras lees. Resultará más comprensible.

- <u>General</u>

En General nos interesa marcar la opción del lenguaje que prefira-mos, el tema (recomendamos el Dark para cansar menos la vista), y sobre todo, marcar las opciones de "Mostrar diálogo de confirmación cuando se inicia una transmisión" y "cuando se para una transmisión", además de la misma opción (justo debajo) para la grabación. Así no empezaremos a emitir un día sin darnos cuenta por haberle dado al botón que no toca. También puedes especificarle a OBS si quieres que grabe la transmisión mientras estás en ello. Ten en cuenta que esto re-quiere más recursos por parte de tu ordenador.

- Emisión

En esta sección le diremos a OBS dónde vamos a emitir, para que se adapte lo mejor posible a la plataforma. También tendremos que conec-tar la cuenta mediante el código de retransmisión, que lo encontrare-mos en nuestro panel de control de Twitch.

- <u>Salida</u>

Sección para controlar la salida de vídeo. Si has hecho la configuración automática que hemos recomendado antes, el programa ya sabe qué bitrate de vídeo puede permitirse. Sin embargo, si has preferido no hacerlo, es mejor que lo sitúes entre 4500-5000 Kbps. Si no tienes muchos conocimientos sobre audiovisuales, lo mejor es que el "Modo de Salida" lo dejes en Sencillo. Si por el contrario no es así, encontrarás más opciones en el modo Avanzado, como la frecuencia, tasa de bits y el codificador.

- Audio

Asegúrate de seleccionar el dispositivo de salida adecuado en "Audio de escritorio". Esta opción te permite escoger de qué fuente de sonido recoger el audio. Selecciona el que uses siempre para jugar o hacer *streaming*. Ten en cuenta que se escuchará todo lo que reproduzcas: Youtube, Spotify de fondo, etc. En la mayoría de los casos serán los auriculares que uses siempre. Selecciona también el micrófono con el que quieres que trabaje por defecto OBS. Eso deberías hacerlo cuando te hayas comprado uno profesional.

- Vídeo

La resolución que selecciones deberá ser la misma que tu pantalla, para que no haya problemas a la hora de visualizar tu *streaming*. También podrás modificar el "Filtro de escala", una herramienta que cambia el logaritmo que usa OBS para escalar la resolución. El bilinear es el que menos consume y el que hace que la imagen se vea algo peor. Lo contrario pasa con el Lanczos, que consume más recursos pero asegura una buena calidad. Algunos *streamers* recomiendan cambiar la resolución a 720 aunque tu ordenador sea capaz de transmitir en 1080 porque hay muchos espectadores que no cuentan con un ordenador muy bueno o una conexión muy potente, y el *stream* no tirará bien para ellos. Los FPS lo mismo: si juegas y quieres que tu partida se vea como toca y puedes permitírtelo, a 60 sin pensarlo. Pero si hacer IRL (*In Real Life, streams* sin una buena conexión o con datos), mejor piensa en caparlos a 30.

- Atajos

En Atajos puedes configurar teclas o comandos para realizar una acción de manera rápida, sin tener que navegar por los menús del programa. Algunos *streamers* tienen configuradas las transiciones en una tecla, aunque no cambien de escena, para por ejemplo, cambiar de tema de conversación.

- <u>Avanzado</u>

En esta sección podrás configurar un retardo en la transmisión. ¿Para qué se usa esto? Para partidas en las que tus enemigos te conocen y se dirigen a tu *stream* para saber dónde estás o qué estás haciendo. A esta práctica antideportiva se le llama *stream sniping*. La primera opción también es interesante para determinar la importancia que el procesador le dará a OBS. Según la potencia de nuestro ordenador podremos determinar una mayor o menor atención por parte del procesador.

Mi primer *streaming*

Llegados a este punto, con las escenas preparadas y OBS configurado correctamente, tan solo nos falta tener claro qué vamos a *stremear* en nuestra primera sesión. Tanto si son unas cuantas partidas de un videojuego como si es una sesión de música en directo, una receta de cocina o una clase de ejercicio físico, lo primero de todo es preparar la sala desde donde transmitiremos. Tenemos que estar cómodos, y la escena, bien iluminada. Por otra parte, si no vivimos solos debemos avisar a los demás de que vamos a transmitir, por dos sencillas razones: para que no nos molesten y para respetar la privacidad e intimidad de las personas que podrían pasar por delante de la cámara sin saberlo.

A modo de lista, esto es lo que deberías tener preparado antes de emitir, tanto la primera vez como las siguientes:

El decálogo del *streaming*

1. Comprobación técnica: encender OBS, probar las escenas y fuentes, mirar que la cámara esté correctamente conectada, comprobar la iluminación y colocar los elementos en pantalla (si tenemos dos, aprovechar el espacio), comprobar micrófono

2. Actualizar la información de transmisión: título, notificación de emisión en directo, categoría y etiquetas. En OBS puedes mostrarlo en Vista>Paneles>Información de stream

3. Asegurarnos de que todos los widgets funcionan correctamente y actualizar o cambiar los que prefiramos. Montar los sorteos que tengamos pensados e interacciones con la audiencia que requieran de preparación previa

4. Establecer la cuenta atrás del streaming (mediante programas como StreamTimer) y encender los programas secundarios que usemos (Streamlabels por ejemplo, para conocer últimos seguidores, donaciones, etc.)

5. Encender el juego, el fuego (¡en caso de que cocines!), y los programas u objetos secundarios que necesites para tu streaming, como el streamdeck si lo usas. Si vas a hacer entrevistas, charlas o actividades con otras personas, asegúrate de que estén conectadas y pídeles que se mantengan a la espera

6. Contacta con los administradores (una vez cojas rodaje y tengas) y avísales de que entras en directo por si te pueden echar una mano a la hora de moderar el chat

7. Haz un par de ejercicios de estiramiento facial y asegúrate de tener agua al alcance. No es broma, si pretendes estar horas delante de una pantalla hablando, ten por seguro que a posteriori vas a agradecer haber hecho unos ejercicios de estiramiento muscular

8. Difunde en redes sociales que estás en directo y pide a la gente de un modo divertido y cercano u original que se una a tu transmisión. Avisa a familiares y amigos a través de una llamada o a través de chats

9. Prepara la música de fondo y asegúrate de que el sonido sea el correcto

10. Si tienes alguna frase o canción de motivación para empezar el stream, ahora es el momento de escucharla. Respira hondo, y que empiece el show. Dale al botón de Iniciar Transmisión. ¡Todo tuyo!

7

REDES SOCIALES E IDEAS PRÁCTICAS PARA FIDELIZAR A TU AUDIENCIA
Toxicidad fuera, mala vibra fuera

Las redes sociales cobran una especial importancia en el mundo del *streaming,* por diversos motivos. En primer lugar, porque la misma audiencia que nos sigue en Twitch, mayoritariamente, también está en redes sociales como Instagram, Facebook, Youtube y Twitter. Tener presencia en ellas nos asegura no desconectar enteramente de nuestra audiencia una vez apagamos *streaming.* Nos asegura un lugar en la vida de nuestro público más allá de las horas o el momento que pasan con nosotros en Twitch. Por otro lado, las redes sociales son un muy buen lugar para darnos a conocer. Lo hemos escuchado muchas veces, no solo en boca de gurús del marketing, sino en boca de *streamers*: si no estás en las redes sociales es como si no existieras. De hecho, Twitch le da mucha importancia a Youtube y Twitter. De hecho, si tienes una audiencia ya consolidada en alguna de estas dos redes sociales, la plataforma te ofrece la posibilidad de ser socio directamente, sin pasar por el afiliado.

Las redes cobran una importancia especial cuando estamos hablando de una plataforma que está pensada para que compartas contenido en directo con una comunidad. No es baladí que las integraciones, extensiones y programas de terceros se enfoquen en hacer de Twitch una experiencia audiovisual totalmente personalizable y enfocada a ganar audiencia con cada directo. Cuidar nuestras redes sociales resultará esencial si queremos ganar en visibilidad y contacto con nuestros espectadores. Primero de todo, veamos cómo incluir tarjetas visuales en nuestro perfil que redireccionen a nuestras redes.

Cómo incluir tarjetas de redes sociales en el canal

Habrás visto ya en varios canales de Twitch cómo las redes sociales de los *streamers* se anuncian a bombo y platillo nada más y nada menos que en la presentación del canal. Aquí un ejemplo del canal de **CBassi**:

Las redes sociales de **CBassi** se pueden consultar haciendo clic en las imágenes. Esto es fácil de hacer. Simplemente dirígete a tu canal y en la sección "Acerca De" deberás clicar la opción "Editar Paneles". Se encuentra a la izquierda:

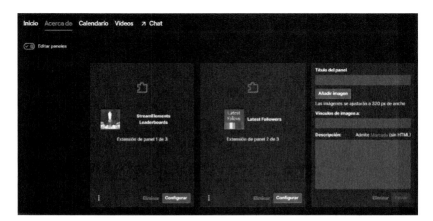

Desde aquí podrás subir imágenes previamente comparadas, descargadas o diseñadas por ti desde las que tus espectadores podrán dirigirse a las redes sociales. Si prefieres diseñarlo tú pero no tienes muchos conocimientos, puedes probar el diseñador virtual de **NerdOrDie** bajo esta web: nerdordie.com/resources/free-resources/customizable-twitch-panels. Nosotros hemos diseñado este en tres minutos:

Estos paneles sirven no solo para las redes sociales, como puedes ver en la imagen del canal de **CBassi**. También se pueden usar para agregar un botón de suscripción, los comandos del chat, una descripción del canal, los horarios de transmisión o reglas del chat.

Twitter, Instagram, Youtube... y TikTok

Las redes más usadas por los *streamers* son Twitter e Instagram, sin olvidar Youtube. De hecho, muchos de ellos recomiendan no abandonar Youtube porque además de servir como potencial captador de seguidores, actúa como repositorio de vídeos. Youtube ha sido la red social audiovisual por excelencia (con Instagram y sobre todo, Tik Tok, rompiendo esquemas) y muchos de los seguidores que tendrás en Twitch también visitarán a menudo Youtube.

- Para Youtube lo esencial es subir vídeos que condensen los momentos más graciosos o destacados de tus sesiones de *streaming*. Para los *streamers* más famosos existe la figura del editor, una persona contratada para ello. Si no sabes cómo cortar vídeos podrás encontrar miles de tutoriales en Internet y software gratuito, pero de momento, si estás empezando, la recomendación es que te quedes en Twitch y lo domines, antes de meterte también a Youtube. Empecemos por el principio, no queramos irnos a la segunda base tan rápido sin haber llegado a la primera. En Twitter son importantes los temas del momento, lo instantáneo. Es una red social pensada para la actualidad más inmediata. Los *streamers* comentan noticias del tema que más les interesa (música, videojuegos, actualidad), comparten vídeos y suben imágenes de su día a día, y así mantienen una actividad diaria mínima en redes. No hace falta estar subiendo fotos y vídeos constantemente, basta con hacer un par de publicaciones con algún mensaje dedicado a tu audiencia. En Instagram reina, como ya sabes, la imagen y el postureo. Los *reels* están cobrando importancia ya que Instagram se está viendo obligado a hacerle la competencia a TikTok. Los seguidores esperan fotos que tengan que ver con lo que hacemos en *streaming*, pero también tenemos la oportunidad de dejarles en nuestra vida personal con fotos de otro tipo. Facebook es una plataforma donde también se hace *streaming* y donde muchos youtubers siguen subiendo sus vídeos o redireccionando a ellos, pero para los *streamers* no ha cobrado especial importancia. El *engagement* o compromiso de la comunidad es mucho más notable en Instagram y Twitter, y ahora se está abriendo paso de manera apabullante TikTok.

No vamos a explicar cómo funcionan las redes sociales porque ya lo sabes. Lo que sí haremos es darte una serie de consejos para que destaques en ellas como *streamer*.

Redes sociales para *streamers*

Tanto si usas **Twitter** como **Instagram**, **TikTok**, **Facebook**, o subes vídeos asiduamente a **Youtube**, es posible que quieras considerar la posibilidad de abrirte unas redes nuevas que se dediquen especialmente (no exclusivamente) al contenido que subes en *streaming*. Si ya cuentas con unas redes personales fuertes que te gustaría conservar y desde las que puedes arrastrar a mucha gente a tu canal de Twitch, asegúrate de adecuarlas un mínimo al contenido que transmites. ¿A qué nos referimos con esto? A que adjuntes tu canal en las descripciones y comiences a subir fotos y hacer publicaciones anunciando lo que tienes entre manos. La cuestión es que exista una sinergia entre tu canal de Twitch y tus redes. A continuación, una serie de consejos para exprimirlas lo máximo posible:

- Sé activo en redes. A nadie le gusta fisgonear las redes de un *streamer* y encontrarse con que no comenta nada desde 2010. Antes de entrar en directo, anuncia que entras, y cuando no lo estés, comparte noticias y habla de temas relacionados con la actualidad e interactúa con tu audiencia cuando te respondan.
- Sube *clips* de tus streams a redes sociales. Los clips se pueden descargar en el Panel de Control del Creador. Aprovéchalo y súbelos a redes para que tus seguidores los comenten.
- Haz encuestas y mantén a tu audiencia pendiente de lo que haces. Puedes preguntar de qué quieres que trate el siguiente *stream* o resolver la duda de qué vas a comer hoy. En redes, (casi) todo vale.
- Sube contenido de calidad. Puedes subir frases sueltas a Twitter, pero tus seguidores necesitan un poco de cariño. Sube fotos de calidad de vez en cuando y asegúrate de no escribir con faltas de ortografía, al menos, de manera intencionada.
- Usa **Discord** para aumentar la comunidad y el sentimiento de pertenencia a ella. Si no la conoces, estás tardando, puesto que es el servicio de mensajería instantánea del momento donde las empresas y *streamers* tienen su servidor propio y gratuito.
- Comenta publicaciones de otros *streamers* y mantén una relación de cordialidad con ellos.
- Usa las redes sociales en mitad de un *streaming* para anunciar un sorteo, alentar a los espectadores a que las visiten pidiéndoles que completen una frase u organiza minijuegos divertidos en ellas. Las posibilidades que tienes son incontables.
- Unifica tu marca en las redes sociales acorde con Twitch. Intenta que tus redes sean fácilmente identificables para tus espectadores, que sepan que eres tú con solo un vistazo. Tus redes forman parte de tu marca personal, así que deben estar en concordancia, tanto en lo que se refiere al diseño como en el contenido, en cierto grado.
- "Viste" tus publicaciones con vídeos, fotos y gifs. Son más visuales y atraerán antes el ojo hacia ellas que otras publicaciones de solo texto.

- <u>Estate atento a las novedades que ofrecen las redes y a las nuevas redes sociales que surjan</u>. La aparición de nuevas redes sociales, como creador de contenido que busca acercarse a su audiencia, te interesa. Una red social que ha aparecido con fuerza estos últimos años ha sido **Clubhouse**, un espacio donde no hay fotografías ni vídeos, tan solo audios, y donde la exclusividad cobra una cierta importancia. Se trata de una comunidad que se relaciona mediante charlas, alrededor de temas de actualidad o de interés segregado por categorías. Los oyentes (pocos tienen permiso para hablar) asisten a charlas donde líderes de opinión como el dueño de Tesla **Elon Musk** hablan sobre diferentes temas. Esta red social ha dado muchas ideas a Spotify, Telegram, Discord, Twitter y hasta Facebook, que ya han empezado a añadir a sus plataformas la posibilidad de crear salas de chat.

> ❏ **A Clubhouse solo se entra por invitación y hasta hace poco solo estaba disponible para iOs. Aún está en crecimiento y lo cierto es que sus creadores deberán reaccionar rápido para conseguir asentarse en el espacio que hay (o había) en el terreno del audio. ¿Veremos alguna integración con Twitch? Parece que tendremos que esperar aún un poco para saberlo.**

Fideliza tu audiencia antes, durante y después del *streaming*

Antes y después del *streaming*

- Comprueba la idoneidad del día y la hora en la que tienes pensado hacer *streaming* con **twitchstrike**.com, una web que te permite averiguar a qué hora se emite y se ve más una determinada categoría de Twitch. Deberías transmitir ahí donde hay más espectadores pero menos *streamers*, para llenar el hueco.
- Mira tus *streamings* anteriores y consulta las estadísticas generadas, tanto desde el Panel de Control de Twitch como en programas de terceros como **Streamelements**. Analiza los picos de espectadores y observa qué interacciones, acciones y elementos generaron más interacción con la audiencia.

- Visita frecuentemente las novedades que ofrece Twitch en su blog oficial, **blog.twitch.tv/es-mx/** y sigue en redes sociales a Streamelements, Streamloots, Twitch y algunos *streamers* famosos. Ser el primero en enterarte de las nuevas funcionalidades de Twitch o de los programas y noticias tiene muchas ventajas.
- Visita los *streams* de otras personas o canales parecidos al tuyo, para ver cómo evolucionan. No para copiar pero sí para coger ideas y, quién sabe, pensar alguna colaboración en el futuro.
- Haz una búsqueda sobre las categorías con más éxito de Twitch y consulta las noticias de actualidad para estar al tanto de lo que pasa en el mundo y, si tus seguidores sacan algún tema en particular en el chat, poder dar al menos tu opinión.
- Organízate los *streamings* y sé constante. No es necesario que hagas *streaming* todos los días de la semana, pero sí que sería conveniente que tus espectadores pudieran consultar en algún panel de tu canal cuándo es tu próximo *streaming*.
- Personaliza y/o actualiza el intercambio de puntos de canal que ofrece **Streamelements**. Si es la primera vez que lees sobre esto, accede a streamelements.com, liga tu cuenta con la web y sigue los pasos del menú de la derecha Lealtad>Tienda del Stream. Tus seguidores podrán intercambiar puntos de canal (cuando seas afiliado, como mínimo) por acciones que tú podrás determinar. Por ejemplo, intercambiarán 1.000 puntos de canal por verte bailar el Aserejé. Si los actualizas con regularidad, generarás curiosidad en tus seguidores y espectadores. Aquí un ejemplo del canal de **phoebina**:

❏ Streamelements también ofrece algunos widgets intere-santes, como el bot que te permite personalizar <u>comandos de chat</u>. Los comandos de chat son frases que tus especta-dores pueden escribir en el chat (estés online u offline, eso lo podrás configurar tú) para conseguir información sobre ti, empezar una apuesta o mostrar un sorteo en acti-vo. Los comandos de chat se encuentran en la sección Chat bot>Chat commands:

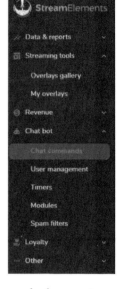

En "Custom commands" podrás configurar los comandos que quieres que se activen cuando tus seguidores escriban determinadas palabras en el chat. Los comandos se activan escribiendo un sig-no de exclamación (!) al principio, seguido de las letras o frases. Vamos a añadir uno que se llamará !redes y servirá para que cuando nuestros especta-dores escriban !redes en el chat, el bot de streame-lements les conteste con una lista de nuestras re-des sociales.

Añadimos un nuevo comando con este botón:

Y a continuación escribiremos el nombre del comando (con qué pa-labras se activará), el nivel de usuario (solo para nosotros, para seguido-res, moderadores, etc.) y la respuesta en texto que va a generar:

- Haz uso de aplicaciones y páginas web externas como **Patreon**, una web de mecenazgo mediante la que puedes ofrecer sesiones privadas, encuentros o la posibilidad de participar en tu stream a personas que te apoyen financieramente en tu *stream*.
- Personaliza y/o actualiza las cartas y cofres que ofrece **Streamloots**. Se trata de una plataforma que permite a tus espectadores canjear cofres con cartas dentro, que te obligan como *streamer* a realizar una acción, a cambio de una donación. Es una manera de monetizar tu transmisión. Aquí un ejemplo de lo que, como espectador, podrías comprar en un canal que use Streamloots:

❑ **Streamloots es muy fácil de usar, es una herramienta pensada para que sea muy intuitiva tanto a ojos de los *streamers* como de los espectadores. De hecho, cuenta con un tutorial para *streamers* nada más ingresar. Según la media de espectadores que tengas, *Streamloots* te sugerirá unas cartas u otras, que tus espectadores podrán canjear en directo. Si quieres saber más sobre ella, te recomendamos los tutoriales de Streamloots en Español en Youtube, presentados por el streamer TheKarma.**

Durante el *streaming*

- Intenta rellenar los logros del programa de afiliados y socios. Si Twitch ve que te esfuerzas en completar la lista de
- Cambia la música con frecuencia para que se adapte al momento emotivo del *streaming*. Si eres DJ sabrás que hay *ups and downs* (subidas y bajadas),
- Mantén el indicador de volumen de escritorio de OBS siempre en marcha. Es decir, no te quedes largos ratos en silencio, recuerda que los espectadores están presenciando una especie de programa de televisión y que estás ahí, además de para pasártelo bien, para entretenerles. Habla, canta, comenta cosas, hazles preguntas. Necesitan comunicación constante y atención. Aunque ellos no hablen, no significa que no estén ahí
- Haz sentir a tu audiencia que forma parte de una comunidad. Comenta cosas de *streams* pasados y *streams* futuros, anúnciales tus planes, háblales como si fueran amigos a los que les comentas tus intenciones. Fomenta que hablen entre ellos, que se conozcan, y que participen de tu vida mediante consejos, opiniones y lo que se te ocurra. Una audiencia que se siente querida es una audiencia que tendrá un buen recuerdo de tu *stream*. Por lo tanto, volverá. Una *streamer* en la que te puedes inspirar, que interactúa a menudo con su audiencia y lee el chat en los directos es **carolmola**:

carolmola hablando con su audiencia / carolmola.TWITCH

- Controla el comportamiento de los espectadores para que no creen mal rollo en el chat o consigue administradores que puedan hacerlo. Intenta que no se infrinja ninguna norma de la comunidad en tu *streaming* (aunque está claro que eso es difícil de controlar antes de que ocurra) y esfuérzate para condenar cualquier tipo de insulto para que tu comunidad sea respetuosa y todo el mundo se sienta cómodo en ella.
- Cuando tengas una audiencia consolidada, valora hacer directos solo para suscriptores o limitar la visualización de las emisiones pasadas para suscriptores para conseguir esa sensación de exclusividad entre suscriptores.
- Durante el directo tendrás que superar obstáculos: cosas que no funcionan, programas que no se ejecutan, partidas perdidas en videojuegos, música que no suena, etc. Mantén una actitud positiva ante los imprevistos e intenta que no afecten en tu humor.
- Si vas a dedicarte a jugar a videojuegos y quieres incrementar el número de seguidores o suscriptores, asegúrate de jugar a los juegos que están de moda o de los que más se habla en ese momento.
- Ofrece a tus seguidores o espectadores más activos en el chat la posibilidad de ser moderadores para reconocer su apoyo a tu canal.
- Haz uso del **tren del hype** cuando te sea posible, una herramienta nueva (de 2020) que está disponible solo para afiliados y socios. Se trata de una cuenta atrás que aparece encima de tu chat y que sirve para alentar a la comunidad a conseguir una serie de objetivos. El tren del hype se pone en marcha automáticamente "cuando se produzca un repunte en los eventos de apoyo, como suscripciones el canal o el uso de Bits o tokens de suscripción", según Twitch.[32] El tren del hype va por niveles y cuando se completan ciertos objetivos se recogen recompensas entre los participantes.
- Juega con los suscriptores de vez en cuando.

Como ves, hay muchas maneras de aumentar tu comunidad y acercarte a ella, además de hacerla partícipe de algo más que tu *streaming*. Se trata de crear un grupo de personas que fuera del directo piensen en ti y visiten tus redes sociales para saber qué estás haciendo, qué piensas

32. Guía del tren del hype de Twitch: *https://help.twitch.tv/s/article/hype-train-guide?language=es*

sobre determinado tema o qué estás haciendo hoy. Necesitas generar un interés y una curiosidad para ser suscriptor y conseguir que te apoyen en tus andadas en Twitch, y más allá de él.

Con una comunidad consolidada, el próximo paso es controlar los aspectos legales de tus transmisiones para no saltarse las reglas de Twitch y tener en cuenta los derechos de autor de la música, que es con lo que puedes tener problemas más a menudo. Teniendo en cuenta esto, solo nos quedará entender cómo podemos ganar dinero en Twitch. Puede que ese no sea tu objetivo, pero si lo es, quédate y pasa página.

8

ASPECTOS LEGALES Y DE MONETIZACIÓN: CÓMO GANAR DINERO EN TWITCH

Desde el primer ingreso a vivir de ello

Como cualquier red social, Twitch tiene sus términos de servicio, opciones de privacidad y normas, algunas muy discutidas y otras, en proceso de creación y actualización. En este capítulo haremos un resumen de las normas y aspectos legales que más inciden sobre los *streamers* y la comunidad en general, porque hay reglas y deberes para todos. Para empezar, no puedes hacer uso de Twitch si no tienes, como mínimo, 13 años. Así lo especifican sus términos de servicio, que especifican que si tienes entre 13 años y la edad adulta legal de tu país, solo podrás hacer uso de los servicios de Twitch con el permiso de tu padre, madre o tutor o tutora legal, que es la persona que acepta por ti los términos del servicio. La que responderá por ti y sobre la que recae la responsabilidad de tus acciones.

Twitch se toma en serio las violaciones de los derechos de autor. De hecho, tiene todo un capítulo dedicado a ello, en la que básicamente avisa a los creadores de contenido que no pueden hacer uso de una obra con derechos de autor si no disponen de dichos derechos. y recientemente, en enero de 2021, actualizó sus términos del servicio, donde se hace especial énfasis a la lucha de la plataforma contra el acoso sexual y las conductas del odio, además de otras puntualizaciones. También hablaremos de ello en este capítulo.

Por otra parte tenemos la monetización en Twitch. Cómo ganar dinero en la plataforma de manera legal y ética. En Twitch hay muchas maneras de monetizar el contenido, y algunas son más provechas que otras. Sin embargo, si algo es característico de esta plataforma es la diversidad de fuentes de ingresos. Los creadores de contenido con más seguidores y suscriptores ganan mucho dinero gracias a los patrocinios de marcas y a la visualización de anuncios (cuantos más seguidores tengas, más publicidad será vista por distintos usuarios). Sin embargo, los pequeños *streamers* pueden sustentar un mínimo de ingresos gracias a las suscripciones. Por eso, podemos decir que la monetización depende también del número de espectadores que tengas. Hablaremos de ello más adelante. Empecemos por las cuestiones legales.

Aspectos legales

Como era de suponer, todo lo que hagas en Twitch es propiedad de Twitch. Él es dueño de todo lo que produzcas en su plataforma, y te lo dice casi al principio de los términos del servicio, con estas palabras:

> Si envías, transmites, muestras, reproduces, publicas o almacenas Contenido de usuario empleando los Servicios de Twitch, otorgas a Twitch y a sus sublicenciatarios, en la máxima medida y por el plazo máximo permitidos por la legislación aplicable (incluido de forma perpetua, si así lo permite la legislación aplicable), un derecho ilimitado, a nivel mundial, irrevocable, plenamente sublicenciable, no exclusivo y exento del pago de royalties para (a) utilizar, reproducir, modificar, adaptar, publicar, traducir, distribuir, reproducir y comunicar dicho Contenido de usuario y crear trabajos derivados a partir del mismo (incluido, sin limitación alguna, para la promoción y redistribución la totalidad o parte de los Servicios de Twitch (y de los trabajos derivados de los mismos) en cualquier forma, formato, soporte o canales de distribución conocidos actualmente o que se desarrollen o descubran en el futuro; y (b) utilizar el nombre, la identidad, la imagen y la voz (u otra información biográfica) que envíes en relación con dicho Contenido de usuario.

Puedes ganar dinero con el contenido que produces en Twitch, pero por eso las personas que lo hacen se llaman afiliados o socios, porque "participan DE", no son "dueños de". Esto es importante que lo tengas claro. Sin embargo, también hay que tener en cuenta que existen los derechos fundamentales de la intimidad personal y al honor, que prevalecen casi siempre por encima de este tipo de contratos.

Cambios en las directrices de la comunidad de Twitch

Antes de 2021 la política de conducta de Twitch era algo difusa y confusa, porque si bien dejaba entrever qué comportamientos no estaban permitidos en la plataforma, dejaban muchas zonas grises sin cubrir. Por ejemplo, no especificaba claramente qué se entendía por "acoso", a pesar de estar prohibido y ser sancionable. A partir de enero de 2021 es cuando las directrices empiezan a ser mucho más claras. Sorprende (para bien) ver que Twitch incluye una mención específica al acoso sexual.[33] Y eso se debe al machismo que imperaba (e impera) en la comunidad, importada en gran medida de las comunidades *gamer,* donde las mujeres aún tienen mucho espacio que ocupar, y los hombres, mucha reflexión por hacer.

Las normas en Twitch se dirigen a todo el mundo. Aunque hay apartados específicos para *streamers*, la comunidad en su conjunto debe ceñirse a una serie de normas. ¿Cuáles son? Pues las mismas que en cualquier otra comunidad o red social online:[34] en general, está prohibido transmitir contenido que vulnere los derechos humanos o infravalore una persona o conjunto de personas o comunidad, incitar al odio y al acoso -con mención especial al acoso sexual- difundir información privada sin autorización, suplantar la identidad de alguien, el spam o envío de fraudes o propagación de virus, cualquier tipo de contenido que fomente las agresiones, hacer trampas en juegos en línea, la transmisión de escenas de violencia extrema u otro contenido obsceno, y es obligatorio respetar los derechos de autor.

33. El aspecto y la vestimenta de una persona no pueden considerarse indicativos de proposición ni de consentimiento",
dice Twitch, acertadamente.
34. Puedes encontrar los términos del servicio aquí: twitch.tv/p/es-es/legal/terms-of-service/ y las directrices de la comunidad, aquí: twitch.tv/p/es-es/legal/community-guidelines/. Recomendamos leerlos con atención.

Twitch también urge a comportarse fuera de la comunidad. Ojo con esto. Twitch quiere que su comunidad de *streamers* sea ejemplar. Y eso también toca a nuestro comportamiento fuera de la plataforma:

Juegos prohibidos

Sí, hay juegos prohibidos en Twitch, y los puedes encontrar en esta página: *help.twitch.tv/s/article/list-of-prohibited-games?language=es*. Asegúrate de no transmitir ninguno de ellos. Y aunque el juego que transmitas no esté en esta lista, asegúrate de que no incluye contenido oficial de ERSB[35] de "Solo adultos" y que no infringe las directrices de la comunidad en lo que se refiere a violencia extrema, discursos de odio y demás.

El uso de la música en Twitch

En este aspecto, Twitch es muy claro: no puedes compartir música de otras personas si no tienes los derechos. La música tiene que ser tuya, creada al momento o con anterioridad, y si no sabes si posees los derechos o no, lo mejor es que no la uses.

La verdad es que hay muchos *streamers* que se arriesgan con este tema. Muchos, muchos de ellos usan música con derechos en su *stream* y no pasa nada, pero se exponen a que pase. Cuando las sesiones en directo se suben después al canal, en forma de archivo de vídeo, muchas veces algunas partes están silenciadas porque Twitch ha detectado un uso fraudulento de la propiedad intelectual. Algunos *streamers* han sido sancionados por emitir música con derechos, y han escarmentado.

Para ayudar a los *streamers* a respetar estas normas, Twitch ha puesto a su disposición **Soundtrack**,[36] un programa descargable aún en versión

---

35. *Entertainment Software Rating Board*, un sistema de clasificación de Estados Unidos de contenido de videojuegos
36. *https://www.twitch.tv/broadcast/soundtrack*

Stream de dj_enka, una DJ profesional y productora musical española / dj_enka.TWITCH

Beta casi idéntico a Spotify. Tienes listas de reproducción creadas en base al tipo de música que queramos poner en nuestro *stream*. No hay gran variedad de artistas pero al menos desde Twitch se han esforzado en ofrecer una alternativa a la música con derechos.

¿Qué pasa con las versiones de otros músicos? Si la música es de otra persona pero la estoy interpretando yo, ¿Twitch lo asimila como una vulneración de la propiedad intelectual? Técnicamente... sí, lo es, porque no tienes los derechos, pero Twitch no te penaliza. Esto es lo que dice exactamente la plataforma sobre ello:

- **Interpretación de una canción**: interpretar una canción que sea propiedad de otra persona, a excepción de una actuación en directo en tu transmisión de Twitch. Si versionas una canción en una transmisión de Twitch en directo, haz lo posible por interpretarla tal y como la compuso su autor y por crear tú mismo todos los elementos de audio, sin incluir pistas instrumentales, grabaciones de música ni otros elementos grabados que sean propiedad de otros.

Es decir, puedes versionar una canción de otra persona siempre que hagas toda la música tú y la toques lo más parecida posible a la canción original. Sin embargo, no pasa lo mismo con los DJ, los karaokes y los playbacks:

Aquí tienes varios ejemplos de tipos de contenido musical que *no puedes usar en las transmisiones y contenidos bajo demanda de Twitch:*

- **Programas de música de estilo radiofónico**: una transmisión o VoD de Twitch que se centre en la reproducción de música que no sea tuya, y que no estés autorizado a compartir en Twitch.

- **Sesión de DJ**: la reproducción o mezcla de pistas de música pregrabadas que incluyan música que no sea de tu propiedad o que no estés autorizado a compartir en Twitch.

- **Actuación de karaoke**: cantar o actuar en una grabación de karaoke, salvo que se trate de un karaoke incluido en un juego que estás autorizado a compartir en Twitch.

- **Playbacks**: cantar o simular o fingir que cantas una canción que no es tuya o que no estás autorizado a compartir en Twitch.

- **Descripción visual de música**: letras, notaciones musicales, tablaturas o cualquier otra representación visual de música con copyright, siempre y cuando no sea (1) música de tu propiedad o (2) música que tienes autorización para compartir en Twitch.

En junio de 2020 Twitch anunciaba a través de Twitter que había recibido un alud de peticiones de la DMCA[37] para que la plataforma borrara clips de los *streamers* de entre 2017 y 2019 que incluían violaciones de derechos de autor. En ese momento se formó un gran revuelo porque un número considerable de *streamers* empezó a recibir notificaciones de infracción en sus cuentas, y algunos hasta fueron penalizados. Fue en ese momento cuando Twitch recomendó a sus usuarios eliminar clips o vídeos con contenido que vulneraba dichos derechos y empezó a trabajar en *Soundtrack*, la herramienta de la que te hemos hablado antes de música sin derechos para los directos. La verdad es que hasta ese momento la "barra libre musical" había imperado con impunidad en Twitch, a pesar de los avisos y reiteradas publicaciones de la plataforma sobre ello. Hasta ese momento, los *streamers* usaban música en los directos con derechos, pero a partir de ese día la cosa empezó a cambiar y muchos se lo empezaron a tomar más en serio. En este sentido, intenta siempre usar música de fondo que no tenga derechos. Así te curas en salud.

---

37. *Digital Millennium Copyright Act*, Ley de Derechos de Autor de la Era Digital, una ley que regula los derechos de autor de los Estados Unidos

Cómo ganar dinero en Twitch: monetización del contenido

En Twitch podemos ganar dinero desde fuentes internas o externas. Cuando hablamos de fuentes internas nos referimos a todo aquel dinero que ganas gracias a los servicios de Twitch. Se trata de:

- Las suscripciones
- Las donaciones de bits
- La visualización de anuncios

Cuando hablamos de fuentes externas nos referimos a:

- Los posibles acuerdos a los que como streamer hayas llegado con determinadas empresas para promocionar sus productos
- Las donaciones directas
- Las compras o canjeos en aplicaciones de terceros como Streamloots.

El dinero que se gana de fuentes externas no pasa por Twitch, por lo que puedes generarlo sin necesidad de ser afiliado o socio.

Sin embargo, para recibir el dinero o la parte proporcional generada en Twitch de las suscripciones, donaciones de bits y visualización de anuncio primero tienes que ser afiliado o socio. Los *streamers* rasos no tienen ganancias (otro motivo más para escalar hacia el afiliado). Por eso es importante que consigas completar los logros de afiliado y socio, especificados en tu Panel de control del creador. Antes de ser afiliado deberán rellenar el formulario del que ya hemos hablado en anteriores capítulos. Una vez lo hayas rellenado y Twitch te reconozca como tal, podrás empezar a cobrar. ¿Y cuánto se cobra? Ahora lo veremos.

Ganancias por suscripciones, bits y visualización de anuncios

Como ya sabes, en Twitch existen tres niveles de suscripción. La más básica, la de 3'99 $ y sus equivalentes en todos los países, es la más usada por los suscriptores. Como afiliado (y también como *partner*, salvo casos especiales), cobrarás el 50 % de la suscripción. En cuanto a los bits, recibirás el 100 %. Para que te hagas una idea, si un bit equivale a un céntimo de dólar, 100 bits equivalen a un dólar o un euro. No es gran cosa y te tienen que donar bastante para poder generar unos ingresos dignos a final de mes, no nos vamos a engañar.

En cuanto a las visualizaciones de anuncios, Twitch paga actualmente 3,5 $ o su equivalente en cada país por cada 1.000 anuncios vistos en tu canal.

¡Pero cuidado! ¿Eso significa entonces que si ganamos 20 $/€ en un par de días de transmisión lo cobraremos a final en la cuenta que hemos conectado? ¡Pues no! <u>Twitch solo te pagará cuando llegues a un mínimo de 100 $/€</u>. A los afiliados se les paga 15 días más tarde de mes en el que se ha conseguido ese hito. Es decir, en resumen: iremos ganando dinero en Twitch de manera paulatina: un mes acumularemos, como afiliados, 10 €. El siguiente, 50 €. Y el siguiente, 80 €, porque nuestro canal está creciendo muy bien. Al terminar el mes en el que hemos ganado 80 €, como la cantidad es equivalente a 100 € (e incluso la hemos superado), en 15 días recibiremos un pago en nuestra cuenta (o el método de pago que tú hayas seleccionado) de parte de Twitch. Así de sencillo.

¿Cuánto dinero ganan los *streamers* grandes?

Uno de los primeros *steamers* en hablar de lo que se ganaba a final de mes fue **DisguisedToast**, en 2018, uno de los *streamers* del Top10 en visualizaciones mundial, quien lanzó un vídeo de Youtube en el que explicaba que ganaba 2500 $ de donaciones al mes, 4000 $ en anuncios, y desde los 1.000 $ a los 10.000 $ por hora según los espectadores si juega a un juego bajo un acuerdo de patrocinio. Según él, obviando la cifra exacta de lo que ganaba en suscripciones, se embolsaba 20.000 dólares al mes, sin contar con las colaboraciones en eventos o colaboraciones o publicaciones pagadas en redes sociales con ciertas marcas. Veinte mil dólares al mes. Como lo lees.

Esta cifra está muy alejada de lo que gana la mayoría en Twitch, por supuesto, pero no es irreal si la comparamos con lo que ganan los *streamers* de habla hispana más famosos. La mayoría no han revelado su sueldo. De hecho no es algo de lo que suelan hablar. Ibai sí que contó en una entrevista a un medio español a principios de 2021 que tenía unos 40.000 suscriptores,[38] a principios de 2021. Si lo multiplicamos por el 70 %[39] de 3,99 €, que es la cantidad mínima que debes pagar por suscribirte, eso son 112.000 € solo en suscripciones.

Ibai entrevistado por Jordi Évole en La Sexta. / Atresmedia

Según revelaba *El Mundo* en un artículo en febrero de 2021,[40] uno de los youtubers más famosos de habla hispana, también *streamer*, El Rubius, cobró 867.000 € limpios en 2019. Estos son los datos, tuyas las conclusiones. ¿Renta ser *streamer*? Si eres de los más conocidos, mucho. Más si eres hombre, según el estudio realizado por **SavingSpot**, quien proporcionaba esta lista, separada por sexos, de los *streamers* con más ganancias del mundo a fecha de septiembre de 2020 (a la derecha, las ganancias de los *streamers* hombres más famosos. A la izquierda, las ganancias de las mujeres *streamers* más famosas:

38. Este dato lo proporcionó Ibai en la entrevista, pero estas cifras se pueden consultar en twitchtracker.com/statistics

39. Ibai contó en una entrevista con Jordi Évole que su acuerdo con Twitch en lo referente a las suscripciones era del 70-30. Twitch gana el 30% de las suscripciones de Ibai, mientras que el streamer se lleva el 70%.

40. *El Rubius cobró 867.000 euros 'limpios' y pagó 1,071 millones de impuestos, el 51,43 % de sus ingresos totales"*, noticia de El Mundo: www.elmundo.es/tecnologia/2021/02/19/6 02ef1b3fc6c83bd668b461f.html

Male streamers:

1. **xQcOW**—$1,984,001
2. **NICKMERCS**—$1,737,535
3. **ibai**—$1,373,605
4. **Odablock**—$1,298,619
5. **TimTheTatman**—$1,210,739
6. **AuronPlay**—$1,209,556
7. **TheRealKnossi**—$1,068,310
8. **HasanAbi**—$1,062,826
9. **RonnieRadke**—$971,978
10. **Castro_1021**—$966,387
11. **Gaules**—$950,802
12. **BruceGreene**—$929,900
13. **AtoZonYouTube**—$914,041
14. **Rubius**—$862,566
15. **BobbyPoffGaming**—$813,062
16. **Ludwig**—$807,694
17. **Summit1g**—$795,416
18. **Alanzoka**—$768,336
19. **Clix**—$735,573
20. **MoonMoon**—$727,514

Female streamers:

1. **Pokimane**—$550,060
2. **Amouranth**—$384,599
3. **LilyPichu**—$339,354
4. **ItsHafu**—$121,542
5. **DizzyKitten**—$115,311
6. **Chicalive**—$102,099
7. **Loeya**—$94,062
8. **DanucD**—$66,371
9. **Sweet_anita**—$48,552
10. **Becca**—$43,985

¿Cuánto dinero ganan los *streamers* pequeños o medianos?

Es muy difícil hacer una estimación de lo que se gana en Twitch, porque depende de demasiadas variables: el número de espectadores, el número de suscripciones, el tipo de contenido y los agregados (programas de terceros, ideas que tengas para ganar dinero) y un largo etcétera. Algunos *streamers*, en su primer mes de afiliado, consiguieron unos 10 o 20 $/€; otros, 150 $/€, y algunos, una cantidad mucho más considerable.

Para tener un sueldo de unos 2.500 € mensuales o 2.700 dólares, por ejemplo, necesitas contar con 1.250 suscripciones de nivel 1, si solo tenemos en cuenta las suscripciones como única fuente de ingresos.

Este número de suscripciones no es fácil de conseguir, requiere mucho esfuerzo y constancia por parte del *streamer*, muchas horas de pensar contenido y un plan de *streaming* bien pensado y cuidado. También debemos tener en cuenta las donaciones, que muchas veces duplican lo que podemos ganar en un mes con nuestros directos. Dichas donaciones dependerán de los incentivos que les demos a los espectadores, de la suerte (que alguien se pase por nuestro *streaming* y nos deje una donación por haberles gustado) y del compromiso y las ganas de apoyar de nuestros seguidores más asiduos.

En el Panel de Control del Creador>Datos>Resumen de transmisiones, Twitch te ofrecerá al final de cada transmisión un resumen de los espectadores, las visualizaciones, seguidores conseguidos y suscriptores cuando seas afiliado, además del dinero ganado. Te recomendamos visitar este panel el día después de emitir en directo para valorar la sesión y llevar la cuenta de cómo se refleja el trabajo que haces en el crecimiento de tu canal:

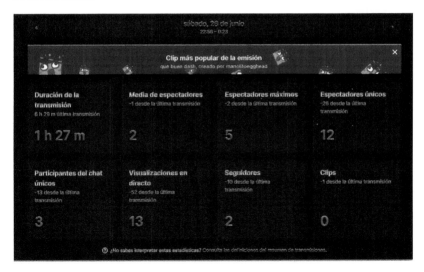

¿Cómo puedo monetizar mi contenido?

Antes de ganar dinero en Twitch tienes que completar los logros de afiliado. Después, tendrás que rellenar el contrato de afiliado, del que ya hemos hablado en capítulos anteriores. Cuando consigas la condición de afiliado podrás empezar a ganar dinero en Twitch más allá de las donaciones directas, que sí se pueden recibir desde el principio, como ya hemos comentado.

Una vez hayas configurado tu condición de afiliado y los emoticonos estén debidamente personalizados, no tienes que hacer nada para facturar por los anuncios, suscripciones y donaciones de bits, a efectos prácticos, puesto que Twitch te enseñará a final de mes lo que has ganado con ello. Lo único que debes hacer es asegurarte de que tu contenido es de calidad y que tus espectadores se lo están pasando bien, ya que de ello dependerán tus ingresos. Si quien te ve se lo pasa bien, se entretiene y/o aprende, se suscribirá y te donará lo que considere. También puedes ganar más dinero programando concursos y poniendo en marcha sorteos, hecho que además dinamizará tu canal e incrementará el número de personas de tu comunidad cuando lo anuncies por redes sociales.

Para recibir donaciones directas, debes configurar un pequeño panel en tu canal y un programa de terceros que gestione estas donaciones. Puedes hacerlo, por ejemplo, a través de Streamelements. Para ello, dirígete al Panel de control de Streamelements>Ingresos>Configuración de donaciones. Es este panel:

Aquí, a través de cinco pestañas, tituladas "proveedores de pago", "configuración de página", "diseño", "configuración del panel de donaciones" y "moderación de donaciones" podrás configurar las donaciones de manera muy fácil. Lo recomendable es no poner impedimentos o trabas a las personas que quieran donar y que todo sea muy visual e intuitivo. Es decir, no establecer un mínimo de donación, usar una imagen que no complique la donación y mostrar una tabla de clasificación donde se verán las 10 donaciones más considerables. Esta tabla es importante que la incluyas porque es una manera de reconocer el esfuerzo y apoyo que ha hecho la persona que te ha donado.

Cuando acabes de configurarlo, Streamelements te proporcionará un código parecido a este: https://streamelements.com/(nombredeusuariodetwitch)/tip que deberás copiar. Además, por otra parte, es recomendable disponer de una imagen que actúe como botón de donación. Lo puedes hacer en el creador de paneles de NerdOrDie. Nosotros hemos hecho uno en cinco minutos y ha quedado así:

Para configurar un botón de donación en la sección "Acerca de" de nuestro canal de Twitch solo tenemos que acceder a la pestaña de "Editar paneles", como hemos antes para incluir las redes sociales, y crear un botón clicable con esta imagen para las donaciones, como puedes ver aquí:

Y listo. Ya tienes configurado tu panel de donaciones, que recibirás de manera íntegra, al tratarse de una simple transferencia de dinero a través de PayPal:

¿Me tengo que dar de alta como autónomo?

Legalmente, en España debes darte de alta en Hacienda siempre que ejerzas una actividad económica o profesional. Además, deberás darte de alta en la Seguridad Social siempre que ganes dinero con esta actividad, de forma habitual, personal y directa. Existe jurisprudencia que determina que si la actividad que estás realizando no te supone unos ingresos que alcancen el salario mínimo interprofesional, te puedes librar de darte de alta, pero eso no significa que no puedas tener problemas. Simplemente quiere decir que en la mayoría de los casos, si puedes demostrar que lo que ingresas no llega al salario mínimo (porque es un hobbie, lo haces de vez en cuando) seguramente ganes en los tribunales si tienes algún problema.

De todas formas, desde el primer momento en el que ganas el primer céntimo, deberías estar dado de alta. Esto también es así en la mayoría (si no todos) los países de latinoamérica. Si quieres tomártelo en serio, vas a hacer *streaming* todos los días y pretendes que sea tu única fuente de ingresos, lo mejor es que te hagas autónomo lo antes posible y te dejes ayudar por una asesoría legal, ya que hay muchos supuestos a tener en cuenta: si eres menor de edad los responsables serán tu padre, madre, tutor o tutora legal aunque se use tu nombre, existen cuotas con bonificaciones para nuevos autónomos y otros factores que deberás tener en cuenta a la hora de tributar, como la cantidad que generes. Quien más gana, más paga. Por otro lado, si ganas poco en Twitch es posible que te interese darte de alta porque al hacer la declaración de la renta, la cantidad te saldrá, probablemente, a devolver.

Llegar a vivir de Twitch no es fácil. De hecho, teniendo en cuenta la cantidad de gente que hace *streaming* todos los días, se puede decir que tan solo un porcentaje muy pequeño puede vivir de ello. Para la mayoría es un pasatiempos, y la verdad es que como trabajo requiere muchas más horas que las que dedicamos a estar en directo, porque no se trata solo de estar delante de la cámara, sino de ponerse a pensar y programar contenido, sin olvidar lo más importante: cuidar la comunidad, incluso cuando estamos fuera del directo. El mejor consejo que puedes recibir en este aspecto es que no te obsesiones con llegar a vivir de ello. Disfruta de los *streamings,* interactúa con tu comunidad y el esfuerzo se verá recompensado.

9

EL FUTURO DEL *STREAMING*: HACIA DÓNDE VAMOS
Nuevos horizontes y nuevas audiencias

Cuando los medios de comunicación se hicieron eco en diciembre de 2020 de la última hazaña de Ibai, algunas miradas empezaron a girarse seriamente hacia Twitch. Un chico de veintipocos años conseguía reunir 550.000 dispositivos, que no personas, detrás de una pantalla que no era la televisión de siempre, para pasar las campanadas junto a él. Para mirarle. Para escribir en un chat donde todo lo que se dice pasa tan rápido que es imposible encontrar coherencia o continuidad en las conversaciones.

La pandemia estaba cambiando muchas cosas. Para empezar, la manera de relacionarnos. A la juventud eso le tocó de cerca, pero no fue la única. Ya no podíamos abrazar a nuestros abuelos. Significaba ponerlos en peligro. Ya no podíamos asistir a clases, salir a comer, a cenar, a vernos. No podíamos tocarnos y nos encerramos en casa. Para protegernos. Para proteger a los demás.

En medio de este miedo e incertidumbre, lo único que nos quedó para relacionarnos fue la tecnología. Incluso para aquellos que huían de ella en su día a día. El teléfono, las videollamadas. Para asistir a clase, el ordenador, las clases virtuales. Y para distraernos, la televisión, los videojuegos, los libros, el ejercicio en casa, Instagram, Tik Tok, Twitter, Facebook. Y también, esa web que ya formaba parte de la rutina de mucha gente antes de 2020, Twitch, que ha llegado para quedarse. Algunos periodistas anticipan que será el fin de la televisión como la conocemos, o que al menos le hará una fuerte competencia. Otros afirman que las plataformas de *streaming* empezarán a proliferar y que serán el futuro del entretenimiento a la carta. En algo tienen razón, Twitch está poniendo en jaque al entretenimiento de toda la vida. Los videojuegos han dado un paso más en el mundo digital. Ahora no solo se juegan. Se juegan y se comparten con una comunidad que te mira mientras hace otras cosas.

El hueco que ocupó Twitch

Para que un nuevo negocio funcione normalmente se dice que tiene que ocupar un hueco vacío. El público siempre existe, lo que no sabe es que tiene una necesidad en concreto que se puede ocupar con un servicio. Así se piensa desde el marketing y desde la dirección de las empresas, que buscan nuevos nichos de mercado a los que poder ofrecerles algo novedoso, el máximo de tiempo, al máximo dinero que el público esté dispuesto a pagar.

Lo cierto es que Twitch ocupó un espacio que Youtube ya tenía, pero con la posibilidad de hablar en directo con los jóvenes (principalmente) que nos hablaban a través de una cámara. Con Twitch se dio un paso más hacia la conexión entre la persona famosa que está al otro lado de la pantalla y los seguidores. Nada más y nada menos que una ventana directa a su casa y el sentir que estamos hablando con ellos en directo, a pesar de que no ser una comunicación perfectamente bidireccional. En el fondo, las redes sociales se reducen a esto: más cercanía, más proximidad.

Chico jugando
a videojuegos /
Matryx. PIXABAY

El entretenimiento y el aprendizaje cambiaron totalmente después de la pandemia. Clases online, entretenimiento online, y la posibilidad de pertenecer a una comunidad cuando todos estábamos separados. Twitch había creado sin saberlo una plataforma que crecería exponencialmente, de manera desorbitada y exagerada, durante una pandemia mundial. Una plataforma que acercaría a las personas y las entretendría durante horas viendo cómo otra persona hace cosas. La televisión de siempre, pero más íntima. Y así como explotó Ibai explotaron otros canales, haciendo que medios de comunicación, políticos, grandes empresas y gurús del marketing se preguntaran por qué no estaban aún ahí.

Twitch ocupó un espacio que ya existía, hemos dicho. El de Youtube. Y han sabido coexistir, uno como catálogo de vídeos y televisión (también) online, más calmada porque se puede pausar, y otro, como una televisión al uso, en directo, no pausable. En Youtube encuentras recetas de cocina, música, tutoriales, *reviews*, análisis, clases. En Twitch puedes encontrar lo mismo, pero tienes que cazarlo en directo o rebuscar entre los vídeos de un canal. Por eso Youtube de momento no está en peligro.

Nuevos horizontes y nuevas audiencias

Twitch está actualmente monopolizado por personas que juegan a videojuegos. Son las que transmiten y las que miran, esperando aprender de los mejores, además de entretenerse. Las competiciones de videojuegos cobraban importancia y los jóvenes vieron en ello una nueva manera de ganarse la vida. Aspiraban a convertirse en jugadores profesionales de videojuegos a la vez que Ibai ganaba repercusión retransmitiendo League of Legends. Todo en uno. Podías ser jugador, podías ser *caster* (comentarista), podías ser *streamer*. Nuevas posibilidades que los adultos no veían como un trabajo serio puesto que implicaba sentarse en una silla y gritar cosas o jugar a un juego durante horas. Sin embargo, se equivocaban, y los datos de Twitch, que crecía sin parar desde su nacimiento, no hicieron más que darlo por seguro.

Twitch se encuentra actualmente en un punto de búsqueda de nuevas audiencias y horizontes. El público y los *streamers* que juegan a videojuegos no se irán, Twitch ofrece oportunidades y algo más importante: igualdad. Cualquiera con conexión a Internet[41] y un ordenador mínimamente potente puede convertirse en *streamer* y triunfar. Y eso no solo incluye a los jugadores de videojuegos, sino a todo el mundo. De ahí la aparición de los músicos, las personas que se graban al aire libre, los cocineros, las entrevistas, las charlas. La categoría más vista de Twitch es casi siempre *"Just Chatting"* o Charlando. Volvemos a lo mismo, el ser humano es un ser social que busca la interacción con otros.

Alexandria Ocasio Cortez, una de las primeras políticas en tener canal de Twitch / AOC. Twitch

Twitch cuenta con más de 20 millones de usuarios activos y 38 millones de visitas mensuales. Ignorar que aquí se esconden potenciales nichos de mercado es taparse los ojos ante la evolución. Sabemos que Twitch se creó pensando en las personas que compartían sus partidas en los videojuegos, pero solo hace falta darse una vuelta por ahí para darse cuenta de que ya no se trata solo de videojuegos. En Twitch podemos encontrar miles de charlas, conciertos, entrevistas, eventos. El incalculable potencial que esconde Twitch y las plataformas de *streaming* en general solo podremos verlo con el tiempo, y solo las empresas que se-

---

41. Aunque cualquiera puede abrir un canal en Twitch, la brecha digital sigue siendo un problema a la hora de equiparar las oportunidades entre los niños y niñas de diferentes barrios. No para jugar a videojuegos, sino para estudiar y hacer los deberes en contextos en los que se da por sentado que todo el mundo tiene conexión a Internet.

pan adaptarse a esta nueva forma de consumir entretenimiento (y mucho más) podrán sacarle partido.

Los medios audiovisuales deberían ser los primeros a echarle un vistazo a plataformas como esta, porque el potencial de Twitch estará siempre relacionado con el contenido audiovisual, y hoy en día, casi cualquier cosa se puede explicar, proyectar o vivir a través de una pantalla. Quién sabe si Twitch atravesará los límites de las pantallas y nos permitirá conectar a un nivel superior más adelante, pero de momento, tanto las empresas como otras formaciones como por ejemplo las organizaciones sin ánimo de lucro deben aprender a introducirse en el mundo de la transmisión y usarla a su favor.

Solo analizando la audiencia de Twitch nos damos cuenta de que las televisiones han perdido un gran número de adeptos entre la población más joven. No es que la perdieran, es que nunca les interesó. Una gran cantidad de jóvenes prefiere los ordenadores a la televisión. La conectividad, la experiencia y las posibilidades que brinda la comunicación *online* superan a todos los niveles la unidireccionalidad de la televisión y otros medios de comunicación y entretenimiento. Por eso resulta esencial, al menos, prestarle atención y entender que el modelo unidireccional está agonizando.

Los partidos políticos también deben girar la cabeza hacia Twitch. Los jóvenes y no tan jóvenes están ahí ahora, en pleno 2021, en 2022, en 2023, en 2024. Y estas personas también votan. Muchas de ellas están desencantadas con la política. Son las mismas personas que no prestan atención a lo que dicen los medios de comunicación, y que se informan de otra manera, a través de las redes sociales y/o a través de lo que comentan sus *streamers* preferidos. Gente desencantada con la política, jóvenes a quienes les prometieron un futuro mejor pero que no encuentran respuesta en los que gobiernan, sean quienes sean. Esta gente vota, repetimos. Si tienen que mojarse y bajar al barro, bajar al terreno de los jóvenes, que son de momento los reyes (y reinas, en mucha menor medida) de la plataforma, que lo hagan. Sobre todo aquellos que prometieron frescura y cercanía, porque eso es precisamente lo que nos ha faltado siempre.

El trabajo pendiente de Twitch

Una de las cuestiones que como *streamers* y como espectadores debemos reflexionar es que Twitch ha dejado de ser tan solo una plataforma para hacer cosas y mirar cómo los otros hacen cosas. Es que se ha convertido en una plataforma que aloja líderes de opinión. Lo que dice Ibai importa. Lo que dice El Rubius, también. Y quien crea que no, que repasen en la hemeroteca el debate que se originó a nivel nacional en España, y que traspasó fronteras llegando también a países latinoamericanos, con los impuestos de los *youtubers* y *streamers*. Muchos de ellos justificaron su salida del país y su asentamiento permanente en Andorra porque en España se pagan muchos impuestos. Ibai se quedaba en España, rompiendo el discurso y recordando que la sanidad y la educación públicas se pagan a través de esos impuestos. El debate estuvo servido durante meses en los medios y, como hemos dicho, traspasó fronteras.

Twitch tiene una tarea pendiente con ciertos discursos que se dan en la plataforma. No en vano actualizó a principios de 2021 las directrices de la comunidad, especificando que la vestimenta de una persona no servirá como motivo de justificación de acoso sexual. En realidad, un gran número de espectadores se olvidan de que nada, absolutamente nada, justifica el acoso sexual. Tampoco está permitido el racismo, por supuesto, ni los discursos de odio. Sin embargo, estos discursos se reproducen con impunidad en varios canales. Lo que hace falta es que la propia comunidad empiece a ser consciente de ello y señale y denuncie a los que violan las normas y sabotean la convivencia. Solo así se podrá aspirar a un Twitch más limpio. Porque la plataforma puede llegar hasta un punto, pero no se le puede responsabilizar de todo. La responsabilidad es colectiva. Siempre lo ha sido, y siempre lo será.

El futuro de Twitch

Twitch está en constante evolución. Es una plataforma que crece de manera inteligente, renovándose continuamente e incorporando elementos nuevos cada pocos meses. Los puntos de canal, las transmisiones solo para suscriptores. En ese sentido se está poniendo las pilas de manera considerable. Ofrece y ofrece, porque sabe que la comunidad está creciendo, así como crecen también los emisores de contenido. De hecho, los *streamers* sacan triple provecho económico de Twitch, puesto que realizan un directo en el que ganan directo y del que después sacan cortes de vídeo para subir a redes sociales y a Youtube, donde los vídeos se exhiben como un producto nuevo. Es una fuente de ganancias muy considerable, a quien solo le hace falta saber ofrecerse de manera más atractiva a otros nichos de mercado que también podrían hacer uso de la plataforma.

Algunos medios de comunicación están entrando en Twitch, la mayoría, radios que hacen lo mismo que hacían en sus páginas web, y sin conectar mucho con la audiencia. Mal, Twitch es otra cosa totalmente distinta. Siguen siendo los programas de radio alternativos, aquellos con menos seguidores pero más cercanos a la comunidad, los que hablan con el chat, los que interactúan. Aquellos que no tienen grandes empresas detrás.

También es la plataforma donde se retransmiten, desde hace mucho tiempo ya, los campeonatos mundiales y regionales de deportes electrónicos, generando millones en beneficios y moviendo millones de personas alrededor del mundo, que cogen aviones para presenciar en directo aquello que llevan viendo y siguiendo en Twitch desde hace mucho tiempo. Aquí, aquí está el futuro de Twitch. En el salto a la implicación en la vida real, más allá de la pantalla. ¿Cómo podría Twitch traspasar la pantalla y llegar a nuestros hogares y a nuestra vida, que no se desarrolla siempre delante de una pantalla?

El futuro de Twitch estará marcado por los vaivenes y avances sociales, tecnológicos y comunicativos. De los *streamers* y de la comunidad dependerá que se quede en un simple canal de comunicación más, como lo fue la radio en su momento, o que suponga un nuevo capítulo en la manera de relacionarse de particulares, empresas, organizaciones y gobiernos. Esta historia la escribirán los *streamers*. Por eso, ahora es tu turno. ¿Qué vas a contar en Twitch?

APÉNDICE Y RECURSOS ONLINE

Streamers destacados

https://www.twitch.tv/0zun0

https://www.twitch.tv/2010misterchip

https://www.twitch.tv/aletz84

https://www.twitch.tv/alexelcapo

https://www.twitch.tv/anastasia_rose_official

https://www.twitch.tv/anniegreen

https://www.twitch.tv/aoc

https://www.twitch.tv/areneiss

https://www.twitch.tv/aroyitt

https://www.twitch.tv/auronplay

https://www.twitch.tv/biyin_

https://www.twitch.tv/blackelespanolito

https://www.twitch.tv/bomberfamily

https://www.twitch.tv/borjapavon

https://www.twitch.tv/carolmola

https://www.twitch.tv/cbassi

https://www.twitch.tv/d3stri

https://www.twitch.tv/darkoztv

https://www.twitch.tv/dayexp

https://www.twitch.tv/directod2

https://www.twitch.tv/disguisedtoast

https://www.twitch.tv/dj_enka

https://www.twitch.tv/eliiixy

https://www.twitch.tv/elisawavess

https://www.twitch.tv/elmiillor

https://www.twitch.tv/ernesbarbeq

https://www.twitch.tv/filmotecamaldita

https://www.twitch.tv/g4g_revenant

https://www.twitch.tv/galadinelle

https://www.twitch.tv/gataschrodinger

https://www.twitch.tv/hersimmar

https://www.twitch.tv/horcus

https://www.twitch.tv/iamcristinini

https://www.twitch.tv/ibai

https://www.twitch.tv/illojuan

https://www.twitch.tv/ireneherrerart

https://www.twitch.tv/jcorko_

https://www.twitch.tv/jordinlaine

https://www.twitch.tv/jotacanario

https://www.twitch.tv/jowjow1990

https://www.twitch.tv/juansguarnizo

https://www.twitch.tv/knekro

https://www.twitch.tv/lacuevadepatch

https://www.twitch.tv/lauraescanes

https://www.twitch.tv/lynx_reviewer

https://www.twitch.tv/microsoftdeveloper

https://www.twitch.tv/maayrin

https://www.twitch.tv/maitanecs

https://www.twitch.tv/matu

https://www.twitch.tv/mayichi

https://www.twitch.tv/makina

https://www.twitch.tv/mickanplays

https://www.twitch.tv/mixwell

https://www.twitch.tv/nane_gg

https://www.twitch.tv/nanisimo

https://www.twitch.tv/narvasc

https://www.twitch.tv/oskirr

https://www.twitch.tv/paracetamor

https://www.twitch.tv/perxitaa

https://www.twitch.tv/phoebina

https://www.twitch.tv/picantereblog

https://www.twitch.tv/pokluux

https://www.twitch.tv/reborn_live

https://www.twitch.tv/reventxz

https://www.twitch.tv/robexttv

https://www.twitch.tv/rubius

https://www.twitch.tv/ryuuzhang_

https://www.twitch.tv/silithur

https://www.twitch.tv/tanizen

https://www.twitch.tv/thegrefg

https://www.twitch.tv/thekarma

https://www.twitch.tv/tomexoff

https://www.twitch.tv/torotochoreviews

https://www.twitch.tv/valekahn

https://www.twitch.tv/werlyb

https://www.twitch.tv/xzboth

https://www.twitch.tv/yonnareiss

https://www.twitch.tv/zunksoyyo

Recursos online

blog.twitch.tv/es-mx

brandcrowd.com

canva.com

dashboard.twitch.tv

elgato.com/es

etsy.com

help.twitch.tv/s

nerdordie.com

obsproject.com/es/download

own3d.tv

pccomponentes.com

pixlr.com/es

placeit.net

profesionalreview.com

spartangeek.com

streamelements.com

streamloots.com

twitch.tv/

twitchoverlay.com

twitchstrike.com

upwork.com

visualsbyimpulse.com

vectr.com

wdflat.com

Programas – *software*

Facerig. Transformador de cara en avatar
GIMP. Edición de imágenes
OBS Studio. Para hacer *streaming*
Soundtrack. Música libre de derechos para los directos
Streamlabs **OBS**. Para hacer *streaming*
Xsplit VCam. Quita el fondo sin necesidad de chroma

En la misma colección:

Por la misma autora:

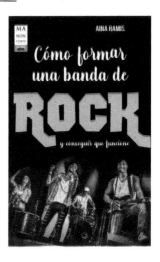

Todos los títulos de la colección *Taller de:*

Taller de música:
Cómo leer música - Harry y Michael Baxter
Lo esencial del lenguaje musical - Daniel Berrueta y Laura Miranda
Apps para músicos – Jame Day
Entrenamiento mental para músicos – Rafael García
Técnica Alexander para músicos – Rafael García
Cómo preparar con éxito un concierto o audición – Rafael García
Las claves del aprendizaje musical - Rafael García
Técnicas maestras de piano - Steward Gordon
El Lenguaje musical - Josep Jofré i Fradera
Home Studio - cómo grabar tu propia música y vídeo – David Little
Cómo componer canciones – David Little
Cómo ganarse la vida con la música – David Little
El Aprendizaje de los instrumentos de viento madera – Juan Mari Ruiz
La técnica instrumental aplicada a la pedagogía – Juan Mari Ruiz
Cómo potenciar la inteligencia de los niños con la música – Joan María Martí
Cómo desarrollar el oído musical – Joan María Martí
Ser músico y disfrutar de la vida – Joan María Martí
Aprendizaje musical para niños – Joan María Martí
Aprende a improvisar al piano - Agustín Manuel Martínez
Mejore su técnica de piano – John Meffen
Musicoterapia - Gabriel Pereyra
Cómo vivir sin dolor si eres músico – Ana Velázquez
El artista sin dolor - Ana Velázquez
Guía práctica para cantar en un coro – Isabel Villagar
Guía práctica para cantar – Isabel Villagar
Cómo enseñar a cantar a niños y adolescentes - Isabel Villagar
Pedagogía práctica de la Guitarra - José Manuel González
Produce y distribuye tu música online - Aina Ramis
Cómo formar una banda de rock - Aina Ramis
Cómo vivir de la música - Jesús Fernández

Taller de teatro:
La Expresión corporal - Jacques Choque
La Práctica de los monólogos cómicos – Gabriel Córdoba
El arte de los monólogos cómicos – Gabriel Córdoba
Guía práctica de ilusionismo – Hausson
Cómo montar un espectáculo teatral – Miguel Casamajor y Mercè Sarrias
Manual del actor – Andrés Vicente

Taller de teatro/música:
El miedo escénico – Anna Cester

Taller de cine:
Producción de cine digital – Arnau Quiles y Isidre Montreal
Nuevos formatos de cine digital - Arnau Quiles

Taller de comunicación:
Hazlo con tu Smartphone – Gabriel Jaraba
Periodismo en internet – Gabriel Jaraba
Youtuber – Gabriel Jaraba
Guía práctica de Tiktok - Beatriz Iznaola

Taller de escritura:
Cómo escribir el guion que necesitas – Miguel Casamajor y Mercè Sarrias
El scritor sin fronteras – Mariano Vázquez Alonso
La novela corta y el relato breve – Mariano Vázquez Alonso